花のしつらい、暮らしの景色

平井かずみ

はじめに

〝花と暮らす〟。それは、部屋に花を飾ることではなく、小さな気づきから始まります。あっという間に過ぎてゆく日々。そんな毎日のなかでも、花はいつも私たちに寄り添い、語りかけてくれています。

何気なく通るいつもの道の見慣れた風景。ちょっと目線を変え、そこに佇む草花に目を向けてみれば、自然から〝季節の知らせ〟をもらっていることに気づきます。春には足元に咲く黄色いタンポポ、梅雨

には毎日、少しずつ色づくアジサイ、秋にはどこからともなく香るキンモクセイ……。こんなふうに、季節の移ろいを感じることができたなら、それはもう〝花との暮らし〟が始まっています。

そう思えば、花を飾ることもぐんと身近に。私が提案する〝しつらい〟とは、外の景色をそのまま家の中に取り入れる、ということ。花をしつらえるのに難しい決まりごとはありません。ただ一輪でもいいし、器は普段使いのものでいいのです。

本書では、季節を「春」「梅雨」「夏」「秋」「冬」の5つに分け、それぞれの季節の花のしつらいをお伝えしています。季節のめぐりとともに草花と暮らすことは、小さな喜びにあふれていると感じていただけたら幸せです。

目次

春

季節の始まりを感じるのは光と色から。
一番に春を知らせてくれるのは、
斜めから差し込む柔らかい光が照らす
ナノハナやスイセンなどの黄色。
サクラを見上げるころを過ぎれば
光は輝きを増し、足元にも小さな春。
キャンディーカラーの花たちと、
春が来た喜びを膨らませます。

春らんまん

「春が来たな」。私が一番にそう感じるのは、柔らかくなった陽の光の気配から。キラキラした光に誘われて真っ青な空を見上げると、それまでの寒い季節にはぐっと力をためて動きを止めていた木々たちの枝の花芽が、ふっくらとしてきたことに気づきます。そして、枝先から、ひとつ、またひとつ。ぽつぽつと咲きはじめたら、そこからはもうあっという間。一気に花を咲かせる様子には、可憐な見た目とは裏腹に、秘めた力強さを感ぜずにはいられません。そして思うのです。春の枝に咲く花たちは、この瞬間のために、めぐる季節を過ごしているのではないかと。

花が終わると一斉に葉を茂らせて、たっぷりの光と水で栄養を摂り、丈夫な根を育てます。すべてはまた翌年にきれいな花を咲かせるこのときのために。なんともロマンチックで、いとおしく思えてならないのです。

春、最初にしつらえるのは、つぼみがまだ固いヒメミズキの花。淡い黄色の花が開く様子に春の力強さを感じます。枝ものは、つぼみから花開き、そして散るまで、その変わる花の表情をじっくりと楽しめるのです。大輪のハクモクレンは平皿に、ひと枝。咲きおおる枝ぶりのいいサクラは玄関に。ほんのつかの間、始まりの春。サクラの花びらがたたきに散りゆく様子まで、愛でています。

東京の開花を知らせる標本木は靖国神社にあるソメイヨシノとのことですが、私のそれは「café イカニカ」からほど遠くない多摩川の土手沿いのサクラです。サクラの樹齢は長く、変わらずに毎年、そこに咲く姿に気持ちが高揚します。

花が舞い散る景色を玄関に

右／太いサクラの枝をベースに挿すだけ。簡単なうえに大胆で印象的です。玄関にしつらえれば、たたきに花弁が散り、風情を感じる演出でお客さまをお迎えします。
✳︎花材：サクラ（ソメイヨシノ）／花器：ガラスベース

つぼみから花開くまで
ヒメミズキは固いつぼみのうちから飾り、花開くまでひと月以上、眺めながら、それぞれの花の表情をゆっくり愛でます。細く華奢な枝に可憐な黄色の春が咲きました。
✳︎花材：ヒメミズキ／花器：伊藤聡信さんの色絵土瓶

枝に咲く花のなかには香りで春を知らせてくれるものも。その代表が、紫のライラックの花。窓辺にしつらえれば、風が甘い香りを運んでくれます。香りの楽しみも加えると、花の楽しみ方は一層、広がります。
＊花材：ライラック／花器：薬瓶

食卓で小さなお花見
ひと枝を2本に切り分け、器の縁に幅をもたせてしつらえました。長めに伸びた細枝はそのまま、アシンメトリーにするのが粋。お茶と団子で、まるでお花見のよう。
※花材：ボケ／花器：カフェオレボウル

ふくよかな大輪の花をひと枝
大皿にハクモクレンの花をひと枝。枝の足先がしっかりと水につかるようにして、花首をそっと器の縁にのせると安定します。大輪の花は、ひと枝でも十分、華やかです。
※花材：ハクモクレン／花器：小鹿田焼の平皿

春は球根

まだ肌寒さが残る早春から春の終わりごろまで、わが家では球根栽培、それ自体をしつらいとして楽しんでいます。毎年、まずとりかかるのはクロッカスやヒヤシンスの水栽培。芽吹き始めの様子や毎日の生長、そして花咲くまでの過程とともにゆらゆらと水に揺れる根っこを眺めるのも楽しみのひとつです。古い薬瓶や、ひかれて取っておいた空き瓶などに水を張り、球根を瓶の口にのせます。そして、窓辺に置いて柔らかな春の陽射しを当ててあげると、みるみる茎や根を伸ばし、大きく生長してゆきます。そんな春の息吹からは自然と力をもらっているように感じるのです。

育てるのに自信がない人や時季を逃してしまった人には市販の芽出し球根がおすすめ。名前の通り、少し芽が出た状態から手軽に生長を楽しめます。切り花でお花屋さんに並ぶ球根の花たちも愛らしいもの。チューリップは、バスケットを組み合わせたり、すっと伸びた茎を柔らかくして曲線を描いたり、定番だからこそ、ひと味違ったしつらいをしたくなります。10本、束ねただけのスイセンは、地面からまっすぐと伸びた、ありのままの姿をイメージして大胆に。ほかにも、球根はかわいいものがいろいろ。ムスカリ、ラケナリア、バイモユリ……etc. と種類もたくさんあるので、ついあれこれと迷ってしまいます。

満開のチューリップ畑を訪ねて。自然豊かな花畑には、癒やしの香りがあるような気がします。チューリップの原産はオランダと思われる方も多いですが、実はトルコ。日本では富山県と新潟県でそのほとんどが栽培されているそう。

花器に遊び心を

ワイヤーのバスケットと、〝おとし〟を入れたポプリの空き箱を花器に。朝晩で、花が開いたり、閉じたり。愛きょうあふれるチューリップには、器に遊びを加えます。

＊花材：チューリップ（メリーウィドウ）／花器：ポプリの空き箱、ワイヤーバスケット

愛らしい球根は根っこまで

園芸店で購入した「芽出し球根」。土を落とし、根を傷めないように注意をしながら水洗いをして、根の見えるガラスへ。球根が器の口にのれば、何でも花器になります。

＊花材：クロッカス、ヒヤシンス／花器：ガラスのデキャンタ、水耕栽培用のガラスポット

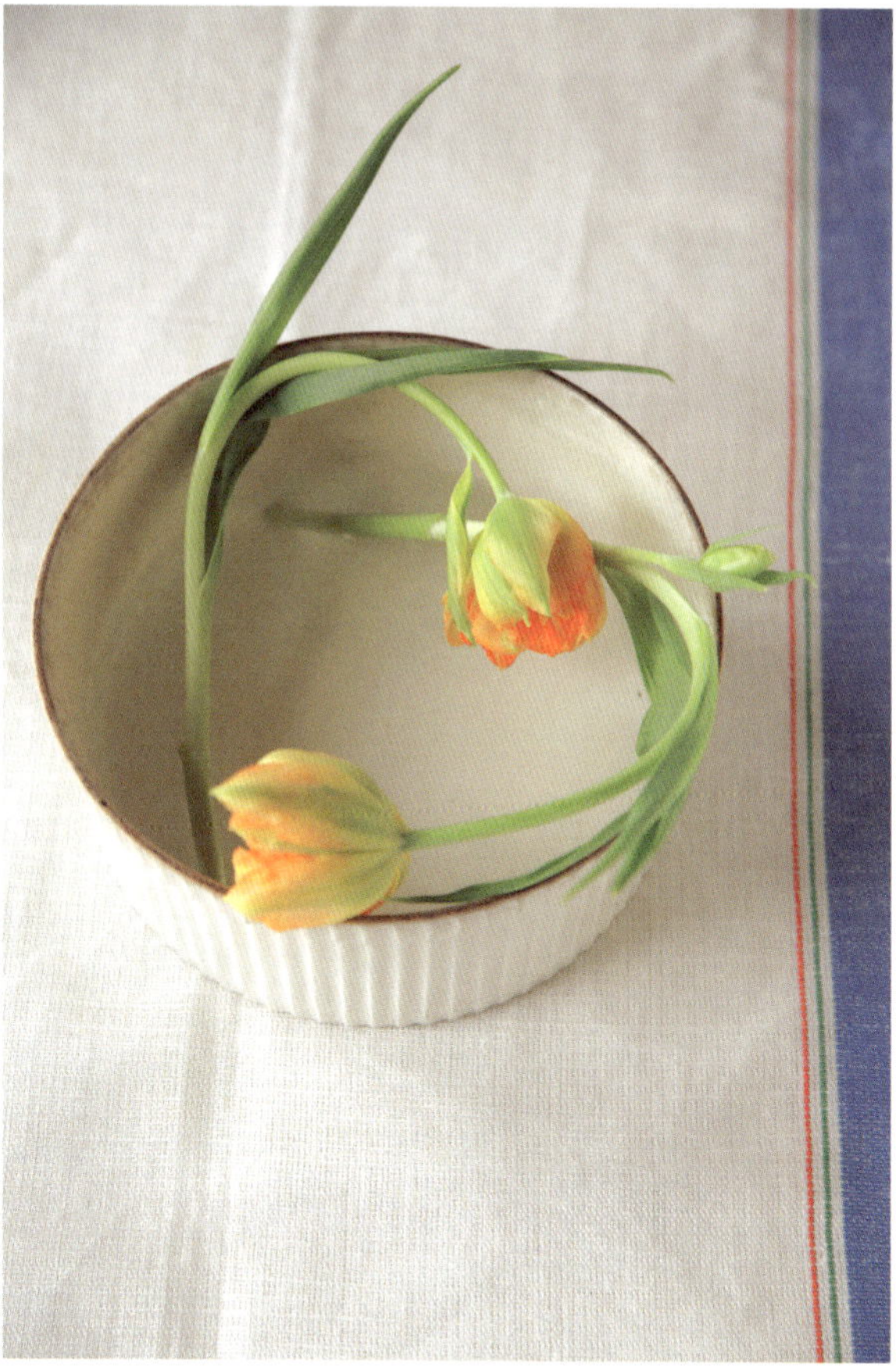

すっと伸びた茎の美しさ

チューリップの茎はひと晩、水につけずにおくと柔らかくなり、曲げやすくなります。お気に入りのフランスの古いココット皿の縁に2本、添わせて円を描くように。

＊花材…チューリップ（モンテオレンジ）／花器…ココット皿

一輪、いろいろ

束ごとおおらかに

地面から生えている姿をそのままに。10本のスイセンを手で束ねたままガサッと水に挿し、仕上げに花の向きを少し整えるだけ。冷たい朝の水に器が結露しています。

＊花材：スイセン／花器：ガラスジャー

右／一輪ずつ小瓶に挿した小さな球根花だけを集め、並べます。茎の長さも花の向きも、あえてばらばらに。だからこそ、それぞれの個性が生きた軽やかなしつらいに。

＊花材：バイモユリ、ラケナリア、ムスカリ、リューココリーネ、ヒヤシンス／花器：香水瓶、メートルグラス、薬瓶、ビーカー

足元の花

足元の花というと、雑草とひとくくりにされがちですが、どんな花でも名前があります。名前を知るだけで、その花への愛着は増し、ちょっと親しくなれた気持ちになります。

春になったら、かごにはさみと新聞紙、それから植物図鑑を片手に、近所の河原に野の花を探しに出かけます。春の光にきらきらと映える、色とりどりの花たちを目にしたとたん、思わず胸が高鳴りますが、そこは落ち着いて。足元に芽吹きはじめたばかりの草花は、まだまだ小さいので、踏んでしまわないよう、はやる気持ちを抑えながら、ゆっくり歩きます。しゃがみ込んでは、一本また一本と夢中になって摘んでいると、気づけば手の中には小さな草花のブーケが。「この花は何だろう?」。名前を知らないものは、その場で植物図鑑をめくり、調べます。

持ち帰った野の花たちには、まずは水揚げのひと手間を。水を張ったバケツに最低、2～3時間つけたら準備は万端。小さな花は小さな瓶に活けて横一列に並べたり、摘んだままの様子をブーケにまとめて古い薬瓶に活けたり。光が一番きれいに差し込む、窓辺の特等席にも必ずしつらえます。

足元に佇むたくさんの出合い。散歩や、家から駅までのいつもの道のりにだって、息づいているはずです。だから、春は、ちょっと目線を低くして。


駅までの道のり、お買い物や散歩。そんないつもの道でも、小さくて愛らしい花がいろいろと見つかります。昨年、咲いていた花が、今年もまた同じところに顔をのぞかせる姿を見つけることや、新しい花や発見との出合いも楽しみです。

河原で摘んできた花たち。右から、小さな紫色の花をつける蔓性のカラスノエンドウ、茎がよく枝分かれしてピンクの花をつけるレンゲソウ、葉の間からちょこんと顔を出す花がかわいいヒメオドリコソウ、春を導く黄色の花はセイヨウアブラナ、道端や土手などに群生する姿が美しいショカツサイ、春の七草の一種で、「ペンペングサ」の呼び名で親しまれているナズナ。

ガラス越しの光を

窓辺に置いたいろいろな色や形の5つのガラス瓶。そこに差し込むまだ斜めの春の陽射しは、生まれたての草花たちをやさしく包み込むよう。すべての器に草花を挿すのではなく、あえて活けずに空間を残して。
＊花材：カラスノエンドウ、ナズナ、セイヨウアブラナ／花器：薬瓶、脚付きグラス

河原の帰り道で見つけた小さな花

よく見かけるヒメオドリコソウは明治時代に日本にやってきたといわれています。棚の上に並べているピッチャーにぽんと挿せば、無機質な空間がふわりと和らぎます。
※花材：ヒメオドリコソウ／花器：ミルクピッチャー

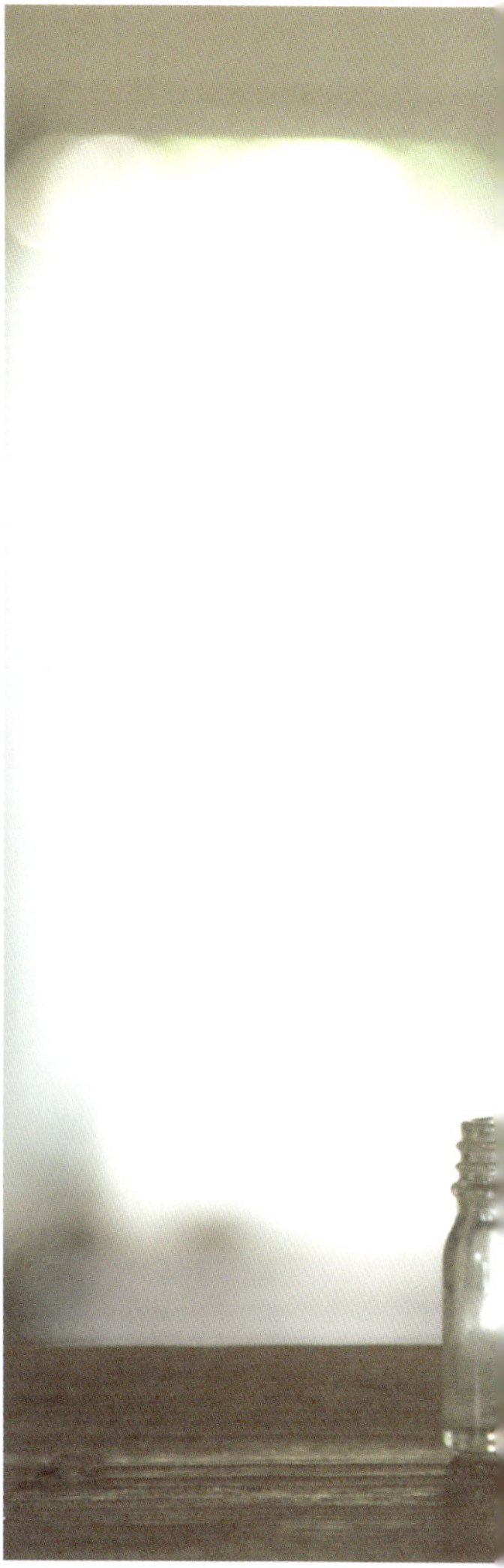

摘んだまま束ねて

摘んでいるときに手の中にできたブーケを再現。自生していた草花同士、まとめるだけで自然にしっくりと。瓶の口にひもを結んで、ブーケの装いを添えました。
※花材：ショカツサイ、ナズナ、セイヨウアブラナ／花器：薬瓶

色遊び

わが家の庭やベランダに、色とりどりの草花が咲く季節となりました。ピンクに水色、紫やオレンジに黄色……。どんどん華やいでいく様子に、日課である〝水やり〟がますます楽しくてしかたありません。

春の花はやさしい色調なので、何色を合わせても嫌みのないかわいらしさになります。いつもは一輪しか飾らないような場所にも、いろいろな色や種類の花を組み合わせたしつらいをして「色遊び」を楽しむのです。たとえば、水やりのついでに摘んだ紫のビオラには反対色の黄色のビオラを少しだけ足して朝ごはんの食卓に。紫だけだと落ち着いた雰囲気なのに、黄色をちょっと足しただけで元気な印象になり、一日の始まりにぴったりになります。

「色遊び」は花同士だけでなく、器やクロスなどの小物も取り入れれば、コーディネートの幅も広がります。紫のトーンでそろえたスカビオサやアネモネの花を水に浮かべたしつらいには、水玉模様の淡いブルーのクロスを。ふだんは花の色とぶつかりがちなのであまり使うことのない明るい色の器も、この時季だけは特別。黄色のラケナリアを緑の器にしつらえます。花のトーンと同様に、淡い色合いのものを選べば、色や模様のついたものだってうまく溶け合い、かわいらしさやさわやかさを演出してくれるのです。

天気のいい日は、水やりのほかに、花がらを摘むなど、次々と咲きだす花たちの手入れにあわただしく、あっという間に時間がたちます。好みの紫や黄色のビオラを中心に、リナリアやネメシアなどを植え込み、華やかな色合いにしています。

摘みたての花と朝食

育てた花を飾るのは自分にしか味わえない贅沢な喜び。クロスも合わせて、朝食のテーブルに。色からはもちろん、摘みたてのみずみずしさからも元気をもらえます。

＊花材：ビオラ、リューココリーネ、バイモユリ、ムスカリ、ゼラニューム、ユメホタル／花器：アラビアのガラスボウル

パレットに咲く絵の具のように
好きな色の絵の具をパレットに出していくイメージで、花部だけを水に浮かべたシンプルなしつらい。これなら浅めの皿も花器として使えます。花びらだけを浮かべても。
＊花材：アネモネ、スカビオサ、アゲラタム、マトリカリア、ヒヤシンス／花器：長峰菜穂子さんのオーバルプレート

華やかさを増す色つきの器
花色を生かすため、あまり選ばない色つきの器ですが、アンティークの風合いと落ち着きを帯びたグリーンが、春の花の持つ自然な黄色をしっとり引き立ててくれます。
＊花材：ラケナリア、マトリカリア／花器：カフェオレボウル

花束で添える春の彩り

春は、色とりどりたくさんの花を混ぜたくなりますが、茎が細くて華奢なものが多く、活けづらいことも。そんなときは、ブーケにしたまましつらえてみます。

※花材：ラナンキュラス、ムスカリ、ワスレナグサ、ラグラス、ゼラニューム、ラペイロージア ビリジス／花器：林 拓児さんの 楕円皿

左／青、ピンク、黄色と、違う色を1本ずつ。どれが主役でもなく互いに引き立て合い、ひとまとまりに。瓶にきざまれた模様が、春の光で柔らかく浮かび上がります。

※花材：スカビオサ、ルピナス、ラペイロージア ビリジス／花器：ジュースの空き瓶

模様ガラスの陰影も

バラが好き

日本に起源を持つバラがあります。バラに夢中になりはじめたころは、いわゆる一般的なバラを育てていましたが、知れば知るほどに品種改良される前の野生種にひかれ……。そうして出合ったのが、日本原種の「ノイバラ」。白いひと重の花びらにはどこか懐かしさを感じます。

5月になるとわが家の庭には、バラたちがあちこちに花をつけます。「ノイバラ」はその最初を飾るバラ。ほかにも、オールドローズを中心にイングリッシュローズなども育てています。10年ほど前に庭で育てはじめて以来、いまでは大きく生長したそのバラたちは、壁をつたって2階まで伸びていて、窓を開ければ甘い香りがふわっと広がるのです。なんともいえない、幸せなひと時。

つぼみが膨らみはじめ、次々と咲きだす様子を楽しんだあとは、咲ききったバラを摘んで部屋の中に。手のひらにそっと包み込みたくなるようなオールドローズの花びらはとても繊細。すぐに散ってしまわないように茎を短く切り、平口の広い器の縁にのせるようにしてしつらえてみたり、平皿に水を張って浮かべてみたり。大好きなバラだからこそ、部屋の中に取り入れて最後まで楽しみたいと思うのです。「好きな花は何ですか？」と聞かれると、これからの季節は、やっぱり「バラが好き」と答えずにはいられません。

1階のアトリエの窓越しに咲くのはオールドローズの〝ブラッシュノアゼット〟。オールドローズは、現代のバラとはその姿が違っていて、ほっそりとした動きのある茎と柔らかな花びらには思わず胸がキュンとしてしまいます。

外の空気を感じる窓

庭で咲いたオールドローズの〝フンショウロウ〟は窓辺に飾り、部屋の外と中の景色を重ね合わせるようにします。器に対して茎が短いときは、水の量を調整して。
＊花材：バラ（フンショウロウ）／花器：ガラスのデキャンタ

左／なにかと長い時間を過ごすテーブルに、以前に旅をした場所で心に残ったバラとクレマチスの組み合わせを日常でも再現。器は気負いなく、普段使いの片口で。
＊花材：バラ（キャサリン モーリー）、バラ（パット オースチン）、クレマチス／花器：平清水焼の片口

いつもの場所に、大好きな花

庭の花を一輪、さりげなく

プレゼント用のブーケには、お花屋さんで選んだ花と一緒に、おすそわけの気持ちを込めて、わが家の庭の白モッコウバラを添えることも。庭の花で花束はつくれなくても、少し足すだけなら気軽にできます。

＊花材：バラ（モッコウバラ）、ビオラ、ラグラス、ワスレナグサ、ゼラニューム、ナズナ

大好きなバラを最後まで

花びらが開ききった咲き終わりのころには、花の部分だけを残して水に浮かべて。外側から一枚ずつはがれる花びらさえもいとおしく、最後の最後まで眺めています。

＊花材：バラ（セプターアイドル）、バラ（シャーロットオースチン）／花器：原田七重さんの平皿

ときには絵画をしつらえる

イギリスの蚤の市で手にした一枚の絵。それは庭で育てている原種のバラ〝ピンピネフォリア〟だとわかりました。以来、生花と同じ感覚で絵画をしつらえています。

＊花名：バラ（ロサ ピンピネフォリア）

column 1

一輪と向き合う

よくいわれることがあります。

「花を活けてみたいのだけど、難しくって」と。

ふと目を向ければ、通りすがりの道や、窓の向こうの何気ない景色のなかに、草花の命は息づいています。花はとても身近な存在。なのに、それを活けるとなると、難しいだなんて……。少しもったいないように感じてしまいます。

たしかに、初めからたくさんの草花を組み合わせて活けようとしたら、身構えてしまうのも無理はありません。だから私は、こう答えます。

「まずは一輪。花と向き合うことから」。

季節の花、一輪だけなら、手近にあるグラスや湯飲み、ジュースやジャムの空き瓶などに、ぽんと挿すだけで、もう十分。花の向きは花まかせ。手に取って見つめていると、自然と向きたい方向が見えてきます。それはおひさまに当たっていたときの、一番きれいな顔。それを見つけた瞬間、一輪の花の、たおやかな美しさが放たれるのです。

一輪の花と真正面から向き合うことで、〝ありのままの姿〟に触れることができます。茎の長さや花首の傾きなど、ひとつとして同じものはありません。生まれ持った個性に出合うと、花が一層いとおしく感じられます。「一輪の花を活けること」は花とのつきあい方の基本。本数が増えたら、ちょっと応用していけばいいだけ。まずは、できるだけ簡単なしつらいで、花をいつもの場所に、そっと置いてみてください。部屋の中に清々しい風がふわりと吹き抜けます。

まずは一輪から

ジュースの空き瓶に、ポピーを一輪。それだけで、春の風が家に舞い込んできたよう。手近にあるグラス、湯飲みなどに水を入れて挿すだけで、しつらいがあっという間にでき上がります。暮らしのなかに花をほどよく溶け込ませるためにも、一輪はちょうどいいさじ加減。いつもの部屋が「どこか心地いいな」と感じられるから不思議です。

太陽の方向を

花をよく観察してみると、茎がどちらかの方向にゆるやかに曲がっているのがわかります。それは花が太陽に向かって咲いていた証。その〝ありのままの姿〟が一番、愛らしい。だから活けるときは自分が太陽になって、自分と目が合うように花を向けると素敵に飾ることができます。ふと目にしたとき、まるで花と心が通じ合っているようで。

水は少なくていい

一輪、活けるときに大事なのは水の量。なんとなくのイメージで、器の口いっぱいまで入れてしまいがちですが、水の量が多すぎると、茎がくさりやすく、かえって長持ちしなくなります。水は基本的に器に対して3分の1程度が目安。茎の下がつかるくらいで十分です。ひとりが飲む水の量があるように、花一輪にもほどよい量があるのです。

どんな場所にも

花一輪だったら、置く場所を選びません。窓辺や玄関、洗面所、台所の水場など、器をひとつ置ける小さなスペースがあれば、どこにでも気軽に飾れます。私はよくダイニングテーブルで書きものの仕事をするのですが、窓辺の花をテーブルに移動させ、疲れたら花を見て、ひと休み。置く場所を決めず、自由に、いつも花をそばに感じて。

一輪を並べて

「もう少し華やかにしたい」というときの応用編。とはいえ、簡単です。同じ器に一輪ずつ活けて並べるだけ。これがもし、ひとつの花瓶に3本、活けるとなると、色調をそろえたり、バランスを考えたりして、難しく感じてしまいます。独立した一輪が3つなら、悩む必要はありません。個性の違う花を並べても、空間にしっくりなじみます。

梅雨

続く曇天。光にベールがかかります。
その下にはアジサイやホタルブクロ。
この季節にはやっぱり
落ち着いたトーンの青や紫がしっくり。
花たちはその時季の光をまといながら、
どんな色を帯びたら最も美しいか、
ちゃんと自分で知っているかのよう。
梅雨景色を見るたびに、そう感じます。

雨降り花

「雨降り花」という言葉を聞いたことはありますか？

私が初めてこの言葉に出合ったのは、〝雨の花〟を調べていた、ちょうどその季節を迎えるころ。「どんな花だろう……」と、自然に寄り添う暮らしから生まれたような言葉にひかれました。それは、昔から、その花を摘むと雨が降るという言い伝えのある花のこと。ヒルガオやシロツメクサ、ホタルブクロ、ギボウシ、イチリンソウ（など地方により違いはあるようですが）、梅雨に入る前や梅雨のころに咲く花たちのことを指すのだそう。どれも庭先や道端、公園など身近なところで出合うことができる、楚々とした姿の花ばかりです。

〝雨の花〟といえば、まず思い浮かぶのはアジサイ。梅雨の曇天に映える青や紫の花は本当に素敵！　ですが、部屋にちょっとしつらえるなら、身近に出合う「雨降り花」くらいがちょうどいいのかな……とも思うのです。雨露にぬれたギボウシの葉の青々しさや、雨に打たれながらも、うつむいて咲く一輪のホタルブクロは、奥ゆかしくもたおやか。その姿を家の中に持ち帰りたくなります。

雨の日は、「だれかが雨降り花を摘んだのかな？」なんて思いを馳せながら、そんなひと時の景色を私なりにしつらえて楽しんでいます。


シロツメクサ（白詰草）の名の由来は、江戸時代にオランダからガラス製品を輸入した際、干し草が箱の〝詰め物〟とされていたことからついているそう。小さいころから身近な花で、四つ葉のクローバー探しに夢中になったことも。

水をひと吹き、雨の装い
瓶の縁と葉に霧吹きをして雨景色を演出。活けたのはホタルブクロと同属のカンパニュラのつぼみ。古い瓶は種を保存していたもの。口にひもを結びつけて、掛け花に。
※花材：カンパニュラ／花器：ガラス瓶

子どものころからの花遊び
左／ずっとつくりつづけている冠は、自然と手が覚えています。余った花は、ブーケにしてガラスの平皿に飾ったり、厚い本に挟んでしばらくおいて押し花にしたり。
※花材：シロツメクサ

小さな花は3本がちょうどいい

イチリンソウと同じ仲間のニリンソウを、湯飲みに。群生している姿を思い浮かべ、3本で活けてボリュームをみると上手に。茎の長さや花の向きで変化をつけて。

*花材：ニリンソウ／花器：備前焼の湯飲み

暮らしの道具を花器に

古道具屋で見つけた竹かご。かごの中には〝おとし〟としてグラスを入れ、2本のホタルブクロを。暮らしのなかの道具を器に見立てると、自然とその場になじみます。

*花材：ホタルブクロ／花器：竹かご

茎の曲がりのかわいさを

蔓性の植物をしつらえるときは、自由な蔓の動きを生かすように。カウンターに置き、横から眺めます。花は、夜明けとともに開花し、夕方には閉じてしまう一日花。

＊花材：ヒルガオ／花器：メートルグラス

梅雨空に青

雨の日の外出は、お気に入りの長靴を履いても憂鬱なもの。それでも、出かけたくなる、この季節ならではの楽しみもあります。毎年、心待ちにしているのは、ご近所に咲くやさしいブルーのアジサイ。いつもの駅までの道すがら、このアジサイが咲きだしたのを見つけると、「梅雨がやってくるよ」と彼らに合図をされているように思うのです。

思えば、梅雨の間の薄曇り、その淡い光の下でしっとりと咲くのは、アジサイをはじめ、ブルーや紫の花ばかり。雨のしずくをまとったその色、姿も水の色と重なってとてもきれいです。まるで花たちが「この季節に咲くのが一番！」とわかっているかのように思えてきます。

だから、家の中にしつらえるのも、自然と、ブルーや紫の花ばかりに。アジサイのほかにも、クレマチスやデルフィニューム、ヤグルマソウ……etc.。この時季の光は、空が厚い雲に覆われている分、やさしい雰囲気なので、つい窓辺など少しでも光を感じる場所を好んで飾ってしまいます。そして、器は水を連想させるガラスの鉢などを。蒸し暑く、気温が上がってきたら葉っぱを中心に霧吹きをします。温度を下げつつ、ガラスについた水滴が雨の景色と重なり合って涼しげな風情を感じられます。

アジサイは、ひと雨ごとに緑から青や紫へと色づいていきます。昔の人は、七変化などと読み、日々、変わる彩りを楽しんだそう。語源は、集まるの意の「集《あず》」と藍色の「真藍《さあい》」からといわれています。学名ではハイドランジア（水の器）。

左／外で見かけるアジサイはたくさんの花をつけていますが、部屋の中に飾るなら一輪くらいがちょうどいい存在感。背の高い細口のガラスベースに、水をたっぷりと。
※花材：アジサイ／花器：木下 宝さんのガラスベース

色づきのニュアンスを

雨の景色といって思い起こす花といえば、アジサイ。たくさん活けるときは、色づきはじめたばかりのものから、よく色づいたものまでグラデーションをつけながら。
※花材：アジサイ／花器：平清水焼の鉢

一輪で引き出す、淡い存在感

曇り空に映えるブルーの葉

花だけでなく、青みがかった葉を使ったしつらいも。ギボウシの〝ハドスペンブルー〟は、とくに色がきれい。器の片側に葉を３枚のせ、その葉の間からクレマチスをのぞかせるように活けるとバランスがいい。

＊花材：ギボウシ、クレマチス／花器：カフェオレボウル

ブルーの色に癒やされて

置く位置に合わせ、背の高いデルフィニュームの長さをととのえました。花の青と、水を入れるとゆらめくように見える吹きガラスのベースで穏やかな気持ちに。

※花材：デルフィニューム、ツボサンゴ／花器：沖澤康平さんのガラスベース

雲のフィルターで花色もやさしく

アトリエの窓辺に活けたのはヤグルマソウ。〝おとし〟にガラス皿を使い、竹ざるに横たわるように。淡い光にやさしく照らされ、花が一層ふんわりと感じられます。

※花材：ヤグルマソウ／花器：竹ざる

みずみずしく

ひと雨ごとに植物たちが生長していくのがわかります。まるで〝ぐんぐん〟と音をたてているかのよう。わが家の玄関先の塀はアイビーで覆われ、あっという間に緑のカーテンとなりました。梅雨の長雨は少し憂鬱に感じることもありますが、草花の目線で見てみれば、背丈を伸ばし、葉を大きく広げるための大切な時季。そう思うと「恵みの雨」という言葉もしっくり、納得できます。

だからこそ、この季節の葉は器に一枚、浮かべるだけでも存在感があり、絵になります。ガラスの器に水を張り、氷をひとつ落とすだけで、なんとも涼やかに。そこに光が差し込めば、水と氷、葉の緑のゆらめきが心地よいのです。

また、クレマチスやトケイソウなど、蔓性の植物が勢いよく生長したのを見計らい、蔓の長さや動きを生かしつつ、しつらいに取り入れています。カーブを描き、ゆるやかに絡まる蔓の様子はいろいろな表情があり、眺めているだけでも面白いものです。そんな蔓は、蒸し暑さを忘れさせてくれる、涼しげなリースづくりにもうってつけです。平皿などを準備してたっぷりの水を注いだら、器の縁に添わせて蔓をくるくると。それだけでもう、でき上がり。水辺にそっと佇む草花を思い描きながらしつらえています。

神奈川・箱根にある「湿生花園」の水辺。梅雨の間、草木は背丈を伸ばし、葉の緑は色鮮やかになっていきます。また、雨にぬれ、いつもにも増して香りを放つ様子からは生き生きとした景色が存在していることに気づかされます。

クリンソウ

茎の太いものから順番に、蔓ものは動きを生かして長さを残し、花ものは点在させてふんわり重ねていきます。活け終わりには葉や器の縁にたっぷりと霧を吹いて、水辺の涼しさを感じさせて。

※花材：ヒヨドリバナ、イヌショウマ、ウツボグサ、キツネノボタン、ヌマトラノオ、クレマチス、ショウブ／花器：ガラス鉢

水草で手軽に涼しく

水槽や水鉢の中などでよく使われる水草ですが、市販の「侘び草」をしつらいに。水に浸したお皿に置いて、朝晩たっぷりの霧吹きをすれば、夏の間中、楽しめます。

※花材：水草（侘び草）／花器：伊藤聡信さんの平皿

氷で葉も心も元気に

斑入りのツワブキを浅鉢に浮かべるだけ。器に氷をひとつ落とせば、暑さでくったりとした葉も、その周りもしゃっきりとするよう。目にも心にもひんやりとした印象を。

※花材：ツワブキ／花器：河上智美さんのガラスの浅鉢

水に浮かぶ蔓のリース
器に水を注ぎ、トケイソウの蔓を縁に添わせるようにくるりと一周。その間にベアグラスをゆるやかに編み入れます。おもてなしの玄関や食卓にぴったりのリースです。
※花材：トケイソウ、ベアグラス／花器：IKEAの深皿

たっぷりと水を張ったガラスボウルの縁に引っかけるように、スイカズラの蔓をくるりと輪にして置きます。仕上げに赤いアルストロメリアの原種を一輪。はっとするほど鮮やかな印象になります。
＊花材：スイカズラ、アルストロメリア／花器：吹きガラスのボウル

column 2

どうして〝器〟に？

子どものころの記憶――。外から遊んで帰ってくると母に「空き瓶なーい？」と真っ先に聞き、道端で摘んできた花を入れて、わくわくした気持ちで眺めていました。そのときから染みついていた、「花を活けるのは身近にあるもので」という感覚。いわゆる〝花器〟で活けるのは、どこか仰々しくて、かっこうつけているような、自分らしくない気がしてしまうのです。

花はいつもささやかな日常のなかにありました。大人になってごはんをつくるようになると、器によって、味わいがずいぶんと違うことに気づき、しだいに〝わが家の器〟は集まってきました。空き瓶に始まった花遊びは、普段使いの器へと広がっていきます。そういえば、結婚して花を活ける用の器として最初に買ったのはミルクピッチャーでした。私の好きな野の花が、きっとこういったものたちに似合うからかもしれません。

いまでは花を活けるときに、まず食器棚を眺めるように。毎日のように使うコーヒーカップや湯飲み、平皿を手にすることもあれば、ガラスのコップやボウルなど。

初めて片口にミズキの細枝を一本、活けたときのこと。さりげないのに、その場の空気が凛と整ったような印象がしたのを覚えています。日々、愛着をもって使っている器だからこそ、暮らしの延長として、その空間にすーっとなじむ。普段使いの器に花を活ける楽しさと「暮らしのなかの花」を感じる瞬間でした。

湯飲み、そばちょこ

〝器使い〟の第一歩としておすすめなのが、湯飲みやそばちょこ。小ぶりで扱いやすく、花器としても広く活躍してくれています。ムスカリ（写真右）のように斜めに茎を見せる、また、エンドウマメ（写真左）のように花首を器の縁にのせるなど、どんな活け方でもしっくり。素朴な花こそ、日頃、使っている湯飲みとの相性がいいのです。

POINT

【水の量】3～5分目
【茎の足先】器の側面、または底面にしっかりとつける
【活け方のポイント】
・花首を器の縁にのせる
・器の高さと花の出ている部分が1：1になるようにする

コップ

花器としての姿が想像しやすいのがコップ。活けるコツは、器の高さと外に出ている花の部分が1：1になるように茎の長さを切って、斜めに傾けるように挿します。水の量は3分の1を目安に。コップは陶器やガラスなど素材によって違う趣が楽しめます。ガラスは水の汚れや量がひと目でわかるので、花の手入れがしやすいのも魅力です。

POINT
【水の量】3～5分目
【茎の足先】器の底面、または側面にしっかりとつける
【活け方のポイント】
・器の高さと花の出ている部分が1：1になるようにする

鉢

ころんとした大きめの花は、丸みのある鉢がよく似合います。鉢は高さがあまりないため、活けにくそうですが、花首を縁にのせることで、その悩みも解消。注意したいのが茎の長さ。鉢は底が丸いぶん、ぐらぐらしやすいので、茎の足先が側面や底につく長さに切ると、器にしっかり収まります。湯飲みやコップ、平皿にも使える活け方です。

POINT
【水の量】5～7分目
【茎の足先】器の側面、または底面にしっかりとつける
【活け方のポイント】
・花首を器の縁にのせる

平皿

食卓に並ぶ平皿にも花は活けられます。少しでも水が張れれば大丈夫。一輪を寝かせると「花を横たわらせるなんて」と驚かれることも多いですが、丸いお皿に茎がすーっと直線を描くさまは、とても伸びやか。茎の長さをお皿の直径の半分ほどにしてしまいがちですが、7割くらいの長さにすると、バランスよく、安定感が生まれます。

ピッチャー、片口

いろいろな表情のある注ぎ口や存在感のある取っ手、そのそれぞれの佇まいが好きでピッチャーや片口を使う機会が増えました。器を置くときは、注ぎ口を真横にせず、少しだけ手前か奥に向かせると、立体感が出て空間の奥行きが広がります。一輪だけでも、たくさんの花を活けても、注ぎ口の方向を斜めにふるだけでバランスがとれます。

POINT

【水の量】5～7分目

【茎の足先】底面につけ、水にしっかりとつかるように

【活け方のポイント】

・花首を器の縁にのせる

・茎の長さは器の直径の7分目ほど

POINT

【水の量】3～5分目

【茎の足先】器の底面、または側面にしっかりとつける

【活け方のポイント】

・器の注ぎ口の部分は真横にせず、少し手前に向くようにふる

・3本の花（メインの花、サブの花、緑の葉）を使ってバランスをとる

夏

空から、まっすぐに突き差す灼熱の光。
それを跳ね返さんとばかりに咲き誇る、
強く、濃い、原色の花たち。
光も色も、一気に変わるこの季節。
ダリアやヒマワリは色を内側から放ち、
蔓や葉は勢いよく、生い茂ります。
その躍動感のある草花の姿からは、
夏を乗り切る元気をもらえるのです。

夏の花、夏の色

夏の青空の下、真っ赤なダリアが目に飛び込んできました。さんさんと降り注ぐ太陽の光を浴びて生長している、その様子はとても力強く、灼熱の眩しい光をも跳ね返すよう。ここは、栃木県の那須で花を育て、いつも「花の会」に届けてくれる池田さんの畑。訪れた私を迎えてくれたのは、ピンクや黄色、オレンジ、それから赤など、鮮やかで明るい色とりどりの花たち。ほかにも、ガイラルディアやケイトウ、キバナコスモスが咲いていました。

ついひと月前までは、曇天の淡い光に溶け合うようなやさしい青や紫の草花ばかりだったのに……。そう思うと驚きです。季節の移り変わりとともに、その季節の光に一番、似合う色の花へと変わっていました。そういえば、子どものころに見た、線路沿いに咲いていた真っ赤なカンナ。いまでも鮮明に残るその記憶は〝夏の色〟です。

夏には、ガラスなどの器にたっぷりの水を張り、水辺の情景を思うような涼しげなしつらいも素敵ですが、いかにも夏らしいダリアやヒマワリなどの花を主役に使うのも好きなのです。コーラルピンクのケイトウは粉引きのピッチャーに、ガイラルディアは茶色の瓶と合わせて器は抑えめに。鮮やかな色と笑顔で迎えてくれるような大輪の花に元気をもらいながら、暑い季節を乗り越えるのです。

眩しい光をいっぱいに浴びて露地に咲く真っ赤なダリアは、太陽を目指して伸びたからか、どれも茎がゆるやかに曲がり、花は太陽の方を向いて咲いていました。このありのままの姿を大切に、記憶に留めておきたいと思いました。

降り注ぐ陽に映える強さ

風に揺れているさまを

道端で、長く伸びた茎の先いっぱいに花をつけていたキバナコスモスを、背丈の出る脚付きグラスに。セージも数本、左右に飛び出させ、自由に風に揺れているイメージを。

＊花材：キバナコスモス、セージ／花器：沖澤康平さんのワイングラス

右／強い陽射しを跳ね返すような強さをもつ、色鮮やかな夏のダリア。自然の姿に倣い、咲き具合や花の向きもいろいろに。口広の深鉢の縁に花首を引っかけるように。

＊花材：ダリア／花器：安齋新・厚子さんの青磁の深鉢

ガイラルディアの花をしつらえたのは、色つき瓶。華やかな花の色に、少し落ち着いた上品さを添えてくれます。また、水温の上昇を抑える効果も期待できるのです。
※花材：ガイラルディア／花器：ガラス瓶

色つき瓶で上品に

どんな色も受け止める懐の深い白
濃いピンクのケイトウに合わせたのは粉引きのピッチャー。磁器の光沢のある質感と違い、粉引きのやさしい白はどんなに強い色も受け止めてくれるように思うのです。
※花材：ケイトウ／花器：喜多村光史さんの粉引きのピッチャー

バッグを使えば、どこにでも
夏は、しつらいにも出番が増えるかごバッグ。中にグラスの〝おとし〟を入れ、ヒマワリを活ければこれも素敵な花器。飾る場所も椅子に引っかけるなど柔軟な発想で。
※花材：ヒマワリ／花器：かごバッグ

香りの便り

夏の盛りの暑いこの季節は、食欲がなくなったり、何をするにも少し億劫になったり。そんななか、私が心地よく暮らすために欠かせないのがハーブです。とくにその香りは、湿度が高いこの季節だからこそ！の楽しみといえるかもしれません。

わが家のベランダでは、たくさんのハーブが夏の陽射しを浴びて元気に育っています。タイム、ローズマリー、ミント……気づけば、およそ30種類。レモングラスなどはお茶にして、タイムやローズマリーは束ねて逆さに吊るせば、料理の際にひと役買ってくれ、その香りを味わえます。

そしてもうひとつの楽しみが、ハーブの〝花〟。料理に使うので葉は知っている人が多いけれど、「ハーブにも花が咲くの？」と驚かれることもしばしば。ですが、野の花のように楚々としているものが多く、どれもかわいらしいので、しつらいにもよく使います。ゼラニュームは、窓辺にしつらえると、さわやかな香りを風が運んできてくれますし、ボリジやバジルなど何種類かをまとめて小さなブーケにしても。グラスに活けて、食卓にしつらえるのもおすすめ。ほのかな香りが夏のおもてなしにもなります。ハーブが届けてくれる香りの便りは、ひと時、夏の暑さを忘れさせてくれ、さわやかな夏時間を運んできてくれます。

夏のハーブは、葉っぱだけでなく、花の見頃のものがいろいろとあります。ラベンダー、ミント、バジルにセージ……。花にはそれほど人目を引くような派手さはありませんが、どれもかわいらしくて、しつらいにもよく使っています。

花も愛でる香りのブーケ

イギリスでは花嫁のブーケにも使われるマートルなどハーブの花を束ねてブーケに。花も香りも楽しみます。足元は、輪ゴムでまとめてからラフィアなどで結び直して。
＊花材：ボリジ、ダークオパール バジル、キャットミント、マートル／花器：デザインハウスのグラス

飾りながら、目でも味わう
料理用に収穫して余ったハーブは、小さく束ねてキッチンに。逆さに吊るして飾りながら、必要な分だけ、また使います。インテリアのスパイスとしても楽しめます。
※花材：ローズマリー、ローリエ、タイム、チャイブ

ラッピングにもハーブを生かして
ラッピングのリボンの代わりに使ったのはレモングラス。そこに、フェンネルの花を添えてかわいらしさを。解くときに、漂うほのかな香りもおまけのプレゼントです。
※花材：レモングラス、フェンネル

使いきれなかったハーブの続き
料理で余ったミントを水に挿しておいたら、2週間ほどで根っこが伸び、窓辺に置いたら、茎は光の方に向かってどんどん伸びていました。まだまだ観察は続きます。
＊花材：ペパーミント／花器：ヨーグルトの空き瓶

風が運ぶ、窓辺の香り

窓辺にしつらえれば、湿気を含んだ風に乗って、その香りが部屋の中に漂います。湿度が高いほど、いつもより、香りを強く感じられるのです。ゼラニュームやミントなどお気に入りの香りを飾ります。

＊花材：ゼラニューム、ペパーミント／花器：デュラレックスのガラスコップ

七草選び

「秋の七草」といえば、ハギ、ススキ、クズ、ナデシコ、オミナエシ、フジバカマ、キキョウ。この草花たちが選ばれたのは、『万葉集』の歌が由来といわれています。1200年以上、遥かの時代から、いまも変わらず私たちの身近に咲いていて、親しまれているなんて、なんだかうれしくてなりません。

さて、なぜ私が夏に「秋の七草」の話をしているかというと、これらは晩夏のころから咲きはじめるものが多いから。お盆が過ぎて、朝晩、少し涼しくなってくるとカワラナデシコをそっと、一輪挿しに飾ったり、キキョウの花を口広の器の縁にのせて、棚にしつらえたりしています。

でも、まだまだ、秋には身近な草花がたくさんあります。いまの私が「秋の七草」を選ぶとしたら……そんな想像をしてみます。一番にぱっと頭に浮かぶのは、コスモス。大好きな花！　背が高く風に揺れる姿はなんともいえない美しさ。ほかにもリンドウ、ノギク、ワレモコウ、エノコログサ、それからアケビなどの実ものもいいな。そしてはずせないのが、秋色アジサイ。立ち枯れて緑色になったその花の不思議な色に魅せられるのです。

秋の七草、皆さんならどんな草花を選びますか？

毎秋に訪ねる栃木・那須の池田さんの畑には、白からピンクのグラデーションで咲くコスモスが。ぐーんと背の高くなったそれは、風に揺れながらお迎えをしてくれるよう。漢字では「秋桜」。そういえば、花弁がサクラに似ています。

いつもより背を高く

秋の七草の季節は、夏と秋を往来する残暑のころ。ひと足早く秋を迎える栃木・那須では風にそよぐコスモスが象徴的。茎の長さや動きが見える、背丈のあるガラス瓶に。
※花材：コスモス／花器：ガラス瓶

ただ、トレイに置くだけで
熟すと縦半分に割れる様子が、あくびをしている姿に似ていることが名の由来といわれるアケビ。トレイに置くだけのシンプルなしつらいが、その表情を引き立てます。
※花材：アケビ／花器：アルミのトレイ

くるりと一周、巻き付けて
ふた付きのガラス瓶に巻き付けたアケビの蔓の間に秋色アジサイを挿し留めて。ドライになってからも水色から淡い緑へと少しずつ色が変わっていく様子にうっとり。
※花材：アジサイ／花器：ふた付きのガラス瓶

温かみのある色と素材の雑貨で
暑さが和らいでくると、花器も自然と衣替え。ガラスを多用していた盛夏を経て、シックな色つきのものに移行します。晴れの間だけ花開くリンドウで小さな秋を。
※花材：リンドウ／花器：インク瓶

動きのある花の表情を生かして
茎の動きに添うよう、角度をつけて一輪挿しに活けたのはカワラナデシコ。秋の草花が描かれたふた付きの器を横に添えれば、空間としつらいに奥行きが増します。
※花材：カワラナデシコ／花器：安齋新・厚子さんの掛け花用の一輪挿し

控えめな佇まいを焼き締めの器に
枝分かれして広がるオミナエシの小粒な黄色は控えめながらも、秋のしとやかさそのもの。素朴な焼き締めの器に。焼き締めは花の水持ちもよくするといわれています。
※花材：オミナエシ、ミソハギ、クレマチス／花器：星 正幸さんのカップ

秋の七草といえば、まず、キキョウを思い浮かべます。花弁は薄くて繊細。すーっとした華奢なラインを生かし、水をたっぷり張った浅めの飯碗に一輪、横たえて。夏の終わりに秋の涼しさを運んでくれるよう。

＊花材：キキョウ／花器：吉田次朗さんの飯碗

column 3

きれいが生まれる

実をいうと、私は掃除が苦手で、家族からは「散らかし名人」といわれるほど。不得意なら、好きなことに結びつければいい。そうして習慣にしているのが「〝ついで〟の花掃除」です。

花をしつらえるお気に入りの場所は、水まわりや窓辺だったり、チェストの上だったり。そういう場所に限って、ほこりがたまりやすいし、汚れが目立ってしまうものなんですよね。でも、やっぱり花を飾るところはきれいにしておきたいから、活けるときに一緒に掃除をしてしまいます。

たとえば、洗面所のガラス棚。スポンジワイプでさっとひとふきをして花をしつらえたら、同時にシンクや蛇口なども磨きます。これだけで、花も、空間全体もきれいになるのです。ほかの場所に置いてあった花の水を替えるときも、ついでにシンクをひとふきするので、毎日きれいが保たれる。自然と掃除癖がついて、うれしくなります。

また、鍵や郵便物、小物などを置いて雑多になりがちな棚の上、階段の隅など、日頃の掃除で手の行き届きにくいところに、あえて花を飾ってみる。逆転の発想できれいをつくっていくのも、いいかもしれません。

花のことを思いながら手を動かしていると、「掃除をしなきゃ」と余計な負担を感じることなく、自然なかたちで「きれいにしよう」という姿勢が生まれてきます。だから、「掃除がちょっと苦手なんです」という人にこそ、花を飾ることをおすすめしたいのです。

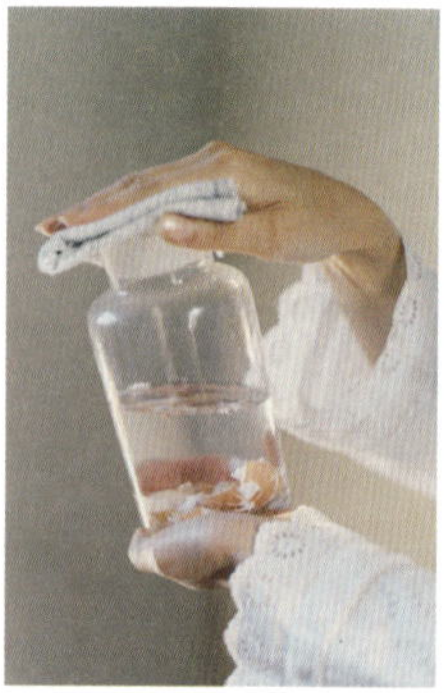

玄関

「忙しくても、面倒でも、玄関だけは朝一番にきれいにする」。母の言葉に倣《なら》い、玄関はいつも清らかに整えておきたい。ほかの場所は手がまわらなくても。そう考えたら掃除が苦手なわたしも気が楽になりました。玄関は人を迎えるところ、自分が帰る場所。たたきには花をしつらえ、〝きれい〟を保つことで一日の始まりと終わりが豊かに。

棚の上

低めのチェストやサイドテーブルなど、棚の上にはつい物を置いてしまい、ごちゃごちゃになりがちです。ほこりがたまっていても見て見ぬふり、なんてことも。そんな場所にこそ、〝ついでの花掃除〟が効果的。「花を置いてかわいくしよう」と思ったら、片づけや掃除も不思議と楽しくなって、気づいたらぴかぴか。うれしい相乗効果です。

水まわり

台所のシンクの上や洗面所、お風呂場などの水まわりは、ステンレスやタイルが使われていることもあり、無機質で冷たい印象。そこに花を置くことで、命の息吹が加わり、安らぎの空間になります。心地よさを感じればいつでもきれいにしておこうという気持ちに。しかも、水場なので花の水を替えたいときに、すぐに替えられます。

腰窓の窓枠

外からの砂ぼこりなどが入りやすい窓辺は、汚れやすい場所。一方、草花にとっては、窓から差し込む自然の光で、草花の色は、きれいに見えるところです。水ぶきをしてきれいに整えたら、グラスに活けた花をずらりと並べてみるのも新鮮。朝から昼、夕暮れ時へと変わりゆく陽の光がグラスに反射し、さまざまな表情が楽しめます。

階段

うちは玄関から入ってすぐのところが階段。2階がリビングなので頻繁に通る場所ということもあり、目線の先に花が眺められるようしつらえています。つい集めてしまう、自然のなかで拾った石などと一緒に。花器を置く場所を決めるときに、気づかなかった隅の汚れが目についたりして、ていねいに掃除をするきっかけになります。

秋

黄色と赤のグラデーション。
虫食いの、朽ちた葉っぱ。
ころんとした形の実。
立ち枯れた花に感じるのは
アンティークのような時を経た趣。
視点を変えて見てみれば、
秋に潜む自然はとっても表情豊かに
季節の移ろいを教えてくれています。

菊の節句

秋の草花で好きなのは〝菊〟というと意外に思われます。多くの人にとって菊は仏花の印象が強いためのよう。たしかに、私も花の仕事を始めるまで、菊の存在をあまり気に留めていませんでした。そのかわいらしさに気づいたのは、花の教室用に那須の畑から菊を届けてもらうようになって、すぐのこと。露地栽培で育てられたその菊たちは、太陽に向かって自由に生長できたからでしょう。茎は不ぞろいに曲がりくねり、花びらの色は濃淡さまざま。そんな、やんちゃで愛きょうたっぷりな姿に菊の印象が一新したのです。そして、那須の菊たちは私の記憶をさかのぼり、祖母の家の庭先に咲く小菊を思い出させてくれました。そう、私にとって菊は素朴で愛らしい日常花。

旧暦の9月9日は「菊（重陽）の節句」。邪気を祓い、長寿を願って、部屋に菊の花をしつらえたり、花びらを浮かべた酒を酌み交わしたりしたのだそう。なじみの薄くなった節句ですが、私はこの節句にちなみ、部屋に菊をしつらえて楽しみます。台所のカウンターに一輪。咲き方の違う色とりどりの菊を組み合わせて食卓に。竹かごやカフェオレボウルなど、活ける器によって和にも洋にもなるから不思議。身近な花だからこそ、もっと菊のかわいらしさをふだんに取り入れ、感じてもらいたいのです。

まだまだ地味なイメージが強い菊ですが、色や咲き方、種類もいろいろ。小菊などの可憐なものや、ダリアのように花弁が幾重にも重なった華やかなものなど、本当に愛らしい。ヨーロッパでは、菊を「マム」と呼ぶのだそうです。

器が違えば、洋の印象

大きくうねる茎が主役
大きく曲がりくねった茎をひと目、見て、笑いが込み上げたほど。自然が生んだ茎の動きがわかるよう、グラスからはみ出させるように活けました。キッチンカウンターに。
＊花材：キク／花器：庄子早苗さんのグラス

右／和の印象が強い菊も、活ける器によってイメージががらり。咲き方や色合いがさまざまで楽しい菊たちをフランスの古いスープ鍋に。洋風な雰囲気になります。
＊花材：キク／花器：陶器のスープ鍋

一輪のかわいらしさを

１本の茎が枝分かれし、いくつもの花をつけるスプレー咲きの菊。短めの脇枝は、脇役になりがちですが、ぐい飲みなどの小さい器とならバランスよく仕上がります。

＊花材：キク／花器：蟻川 誠さんのぐい飲み

竹かごで和のしつらい

竹かごのしつらいには、〝おとし〟を使います。短く切った菊が納まりやすいようワイヤーを丸めた〝花留め〟も。葉ものもそっと忍ばせ、秋のしっとりとした風情を。

＊花材：キク、ビジョヤナギ、イトノハススキ、ムラサキエノコログサ／花器：竹かご

この季節まで切らずにおいた庭のアジサイは、しっとりとした色合いに。やさしい光と溶け合うような、柔らかな色の菊と季節をつなぐようです。レースのハンカチをコーディネートして甘い雰囲気に。
＊花材：キク、アジサイ／花器：カフェオレボウル

実りの秋

空がぐんと高くなり、いわし雲やひつじ雲など表情豊かな雲を見ていると、秋の深まりを感じます。このころから、咲いている花の種類が減りはじめ、〝少しさびしいな……〟と思うことがあるかもしれません。が、そんなときは少し視点を変えて！　花ではなく、実ものを探してみましょう。

夏のころは緑色だった実が、少しずつ色づいて染まっていく様子は、それだけでとても素敵な景色。赤い実はもちろんのこと、熟した実の色はさまざまで、黒、白、黄色や橙色、それに紫色など、その色の幅広さには驚くほどです。

飾り方もいろいろに。緑から黄色、最後には橙色にと色づいていくツルウメモドキは、フレッシュなまま束ねたものを壁にかけ、そのままドライへと仕立てます。ヨウシュヤマゴボウのような房付きの実ものは、カフェオレボウルなど口の広い器に活けるのがおすすめ。器の縁に実を引っかけるようにのせるだけです。また、ドングリのようにそれだけでかわいい実ものは、同じくらいのサイズの雑貨と一緒に。ただ並べるだけなので、ほかの実ものや雑貨とでも応用が利きます。

翌年の春に芽吹くための力を蓄えた実ものからは、生命の美しさを感じます。その姿は命のめぐりを見ているようで、なんともいえないいとおしい気持ちになるのです。

実ものなかでも「ヨウシュヤマゴボウ」は、私にとって欠かせない存在。夏の盛りにはピンクの茎に緑の実をつけ、秋が深まるころには葉を赤く紅葉させて、実は黒にも近い紫に。実だけでなく葉や茎も表情を変えていきます。

相性がいいカフェオレボウルと

ころんとした形のカフェオレボウルは、丸い実ものと相性がいいのです。ヨウシュヤマゴボウを活け、仕上げにヒメドコロの蔓をくるりと引っかけて。緑色がアクセント。

※花材：ヨウシュヤマゴボウ、ヒメドコロ／花器：カフェオレボウル

左／いつもなら丸くして、リースにすることが多いツルウメモドキも、リネンのひもで束ね、逆さに吊るせばちょっとしたオブジェのよう。飾りながら〝干し花〟に。

※花材：ツルウメモドキ

オブジェに見立てて

小物と楽しむ工夫を

実ものは、ただ無造作に置くだけでも絵になります。ドングリの帽子だって、どれも表情が個性的。糸やボタンなど、色調の合った小物と、雑貨感覚でスタイリングを。

※花材：ドングリ

デザートを装うかわいらしさ

脚付きグラスを使うとデザートのように華やか。ガラスを通してヒメリンゴの形も、徐々に赤く色づく様子も丸ごと楽しめます。実ものは頭もお尻もかわいいのです。

※花材：ヒメリンゴ／花器：沖澤康平さんのワイングラス

枝の先端に白い実がいくつも実り、葉も多めのシンフォリカルポス。余計な手を加えずに、存在感のある枝ぶりのいいものを活けていきます。ピッチャーの口の向きに合わせ、勢いよく枝が伸びるように。

＊花材：シンフォリカルポス／花器：長峰菜穂子さんのピッチャー

染まる葉、色づく実

黄金に色づくのはイチョウの葉。ガマズミの葉と実は暗赤色に、ヨウシュヤマゴボウは葉の縁からどんどん真っ赤に染まって……。ひんやりとした空気に、街路樹や公園、野山の景色が少しずつ色を変え、紅葉のグラデーションが楽しい季節が訪れます。このころになると私の視線も心の先も上へ上へ。紅葉といっても葉の色や様子は千差万別。目を留めると、ところどころ黒い斑点が模様のようになっていたり、葉が重なった下の部分は、まだ緑色のままだったり。自然のつくり出したひとつひとつの表情は見飽きることがありません。そこに虫食いの穴があれば、ますます魅力的に。同様に色づきはじめた実の色もさまざま。さらに、葉と実の色の組み合わせも面白いことに気づきます。

紅葉は、葉が散る前にするもので、必ず葉は落ちてしまいます。それでも、この時季には好んで色づいた葉のしつらいをします。たとえば、葉も実も橙赤色になるコマユミを玄関に。古い瓶にひと枝、挿すだけで、家の中に静かで透き通った秋の美しさを感じられるからです。葉をメインにしたしつらいには、ぱっと人目を引く華やかさはありません。しかし、ふだんじっくり目にする機会のない虫食いの葉や、色が変わる葉の趣をしつらえれば、そこから季節の移ろいを感じられ、じんわりと心が癒やされるのです。

山歩きでも見ることができるコマユミは葉も実も橙赤色に。枝にぶら下がるその姿がかわいらしく、いつまでも眺めていたくなります。秋も深まると紅葉した葉が散り、熟した実が裂けて種が落ちて、また次の命へとつながっていきます。

右／葉の染まり方も熟した実の色もいろいろ。この時季のしつらいによく使う葉っぱと実ものたちを集めてみました。右上から時計まわりに、ガマズミ、マユミ、ゲンノショウコ、ヨウシュヤマゴボウ、ボントクタデ、アジサイ、イヌザンショウ、アロニア、コマユミ。

ひと枝で感じられる秋の訪れ

枝先にわずかに残る色づいた葉と実。ひと枝、すっと挿すだけで趣のある佇まいになるから不思議。口が狭く高さのある器だけでなく、ボウルや平皿など自由な感覚で。

※上右　花材：アロニア／花器：香水瓶

上左　花材：マユミ／花器：井山 三希子さんの鉢

下　花材：コマユミ／花器：インク瓶

花を引き立たせる、秋の枯れ色

秋も深まったころに咲くバラには、小ぶりながら凛とした力強さが。実が落ちて、さらに葉を赤く染めたヨウシュヤマゴボウと秋色アジサイがバラを美しく引き立てます。

＊花材：ヨウシュヤマゴボウ、バラ（フェアビアンカ）、アジサイ／花器：近藤 文さんのボウル

虫食いの葉が醸し出す秋の情景

枝先の虫食いの葉に秋の情景を感じずにはいられません。水を張った楕円の平皿に葉や実がつからないようにしながら、そっと置くだけの簡単なしつらいです。

※花材：ガマズミ／花器：林 拓児さんの楕円皿

秋の野で身を揺らすススキを

一般のススキより背丈が低く、扱いやすいイトノハススキ。立ち枯れると先が丸まり、葉に一層、動きが。器は高さのあるものを。紅葉したビジョヤナギは短めに。

※花材：イトノハススキ、ビジョヤナギ／花器：長峰菜穂子さんのピッチャー

季節を紡ぐ色

わが家の庭で育てている植物のなかで、一番、長くその花を楽しませてくれるのがアジサイ。梅雨のころからブルーや紫、白などやさしい色合いで次々と咲きはじめるアジサイは、夏を過ぎても切らずにそのままにしておきます。最近では花屋さんでもすっかりおなじみの花となった「秋色アジサイ」。アンティーク調の深みのある色はとても魅力的です。あまりの色の美しさに、そのような品種があると思われがちですが、実は、夏を過ぎても花を切らずにおいたアジサイ。その花色は、やがて秋になるころには褪せた緑や褐色へと変化し、「秋色アジサイ」と呼ばれています。

梅雨の庭に咲くブルーのアジサイは、濃い紫色のクレマチスと雨色の共演をし、夏には青々しく葉を茂らせたスモークツリーやウツギなどの庭木とグリーンのグラデーションを。そして、秋には返り咲きのバラとともにクラシックな雰囲気を漂わせます。こうして、アジサイはゆっくりと移ろいながら、重なり合う季節を紡いでくれ、花の見頃は、ひと時だけでないことを教えてくれました。

だから、しつらいも移ろう色を生かして。秋色になったばかりのアジサイは、かわいらしい色合いのリースに仕立てます。晩秋には庭の景色を。最後の力をふりしぼって咲く力強いバラと褐色の色合いがとてもよく似合います。

道路脇や公園などで、秋になっても咲いているアジサイの花を見かけたことはありませんか？　花を摘まずにそのまま立ち枯れさせ、色が変化したものが「秋色アジサイ」です。花と思っているのは、萼(がく)で装飾花といいます。

ゆっくりと美しく移ろう姿

訪れる冬を前に、アジサイも朽ちた葉のような色合いへと。その色の変化に季節の移ろいを感じます。最後の力をふりしぼって花開く秋バラと紅葉したウツギとともに。

＊花材：アジサイ、バラ（コーネリア）、ウツギ／花器：鈴木 環さんのボウル

ひと月、楽しんだあとには

枯れた部分を取り除きながら、ひと月ほど楽しんだアジサイ。なんとも愛きょうのある姿に。小さなバラと対になるようにピッチャーに活け直し、窓辺に飾りました。

※花材：アジサイ、バラ（グリーンアイズ）／花器：ガラスピッチャー、薬瓶

色褪せてゆく緑に秋を感じて

小葉を多数、装い、黒い実をところどころにつけたイヌザンショウはレモンイエローのような薄黄色に。色褪せた、控えめな花ぶりのヤマアジサイにとても似合います。

※花材：ヤマアジサイ、イヌザンショウ／花器：ボウル

輪にしたためた、かわいらしさ

雑貨となじむアンティークの色調

ドライの秋色アジサイは、アンティーク調の色合いだからか、雑貨のなかにぽんと置くだけでインテリアになじみます。茎にベルベットのリボンを巻き、上品な印象に。

※花材：アジサイ／花器：三谷龍二さんの木のトレイ

右／こんもりとした様子がかわいらしい秋色アジサイのリース。飾りながらドライへと。乾ききったあともなお、色褪せていく姿が楽しめるのも、この花が好きな理由。

※花材：アジサイ、アカヅルのリース土台

column 4

花は主役じゃない

人を家に招いて、旦那さんが料理の腕をふるい、食べて、語らうことが好きな私たち。

いろいろな偶然が重なって2009年、東京・自由が丘に「café イカニカ」をオープンしました。ふたりともお店をやるのは初めてだったので、背のびをせず、あくまでも、家に人を招いていたときのような心持ちで。ただ、自宅と違うところは、そこに集う人たちと食事が主役ということ。

「もてなす」となると、とかく肩に力が入り、主張のある花の活け方をしてしまいそうですが、そこはぐっとこらえて。花は空間のエッセンスのひとつ。お客さまの通る道の妨げにならないように、食事を強い香りでじゃましないように、華美な花で落ち着かない気持ちにならないように……。自宅でしつらえるときよりも、さらに「控えめに、さりげなく」を意識するようになりました。「歓迎の花」を置く玄関には、多少大ぶりの花を活けることがありますが、テーブルの上、窓辺、棚などは、花数を減らす、色のトーンを抑えるなどの、ちょっとした工夫を心がけているのです。

ふと考えると、それは、家でも同じことでした。家の主役は、家族であり、また、そこに集う人たち。佇まいは控えめでも、遠くの目線の先には季節の花が一輪、床に目を落とすとすっと伸びた一本の枝が、といったように、視界に花がさりげなく顔を出す。その瞬間、心に暖かな風が吹き、静けさを取り戻してもらえるような。何気ない花の息吹はじんわりと気持ちに響いていきます。

雑貨と一緒に

何もないところに、ぽつんと花だけを置くことはせず、必ず雑貨と組み合わせて飾るようにしています。たとえば写真のように、後ろに石板、手前にカードを置くことで奥行きが生まれ、花がより空間になじみます。しつらえは〝空間づくり〟という考えから、この発想が生まれたのかもしれません。添える雑貨はひとつでもかたちになります。

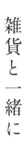

溶け込むガラス

カフェで使っている花器のほとんどがガラス。器に主張がないので、テーブル、雑貨が並ぶ棚など、どんな場所にでも上手になじんでくれます。また、ガラスは草花や球根の茎、根まで見えるから楽しい。厨房と客席をつなぐカウンターに、高さのある花を飾っていますが、清々しい雰囲気をつくりながら、〝仕切り〟にもなっています。

引き算をして、さりげなく

花を手に取って眺めると、美しさにひかれて飾り立てたくなりますが、そこはブレーキを。花を空間になじませるためには〝引き算〟も必要です。たとえば、小ぶりの器になら花は1～2種類、色は白やグリーン、淡い色合いのものにするなど。「控えめに」を意識すると、花がインテリアの一部になり、癒やしのエッセンスを与えてくれます。

目線、動線を意識して

玄関にある下駄箱の前は、お客さまが必ず通る場所。最初に目に入る下駄箱の上には、季節の花を活けるのが日課です。これはお迎えの花、お見送りの花でもあり、会話のきっかけにもなっています。また花が、お客さまが動かれるときにじゃまにならないよう心がけて。壁に近づけて置いたり、倒れにくい安定感のある器を選んだりしています。

花じゃなくても

花が少ない冬のシーズンは、色づいた葉やドングリなどの実ものを主役にしています。いつもの散歩道や自然豊かな公園に立ち寄って、落ち葉を拾い、ドングリを見つけるのも楽しい遊び。持ち帰ったら、瓶に活けたり、棚に並べたり、雑貨感覚で飾ってみる。花だけでなく〝季節のお知らせ〟はいろいろなかたちで自然からもらえるものです。

冬

葉を落とした木々から
ものさみしさや空虚さを感じる冬。
しかし、ありのままを受け止めれば、
足元の落ち葉、常緑樹の木々の緑が
印象的に目に飛び込んできます。
それに、真っ白な雪景色や高い青空と
鮮やかなコントラストをなす赤い実も。
葉と実の演出は、冬ならではの楽しみ。

冬には赤を

冬の始まり、すっかり葉が落ちてしまった枝に赤い実をつけたハナミズキやガマズミ。それらを庭先や街路樹に見つけると、いよいよ寒さが厳しくなるのだと感じます。寒さでぎゅっと引き締まり、より深みを増した赤の鮮やかさには、思わず目を留めてしまいます。と同時に、冷たい空気にさらされながらも枝にしがみつくその姿からは、奥ゆかしさやたおやかさをも感じられるのです。

枯れ葉色に染まる街に彩りを添えてくれる冬の赤は、家の中でも欠かせないアクセントとなっています。ヒメリンゴは大きな枝ごとしつらえて。やがて、実が落ちたら、かごやガラスの器にデザート感覚でこんもりと盛りつけ、最後まで楽しみます。ノバラやサンキライの赤い実のリースは冬の定番に。つくりはじめたころはクリスマス用でしたが、そのかわいさから、いまでは実が手に入りはじめる11月の中頃から毎年つくり、冬の終わりまで長く飾っています。もちろん、クリスマスのプレゼントとしても。

草花が少なくなっても、冬には冬の楽しみがあります。自然に寄り添って考えてみれば、それはごく当たり前のこと。寒々しい冬のなか、〝冬の赤〟は、ほんのりと温かみを与えてくれる色。だから、私はこの時季、〝冬の赤〟を部屋の中にしつらえるのです。

冬の赤い実の色がぐっと深まるといよいよ本格的な冬が訪れたのだと感じます。たわわに実ったピラカンサを見つけ、見事な姿に思わず足を止めました。ふと見ると、鳥たちも目をつけた様子。ついばみにやってくるのでしょうか。

ヒメリンゴは、まず葉が落ち、そのあとで実が落ちます。そのときどきの自然の様子もまたきれいで、活け替えながら最後まで楽しみます。かなり大ぶりな枝なので、器が安定するよう、やや多めに水を入れて。
✳花材：ヒメリンゴ／花器：ガラスベース

枝ごと、実ごと。最後まで

手軽にできる壁掛けの実

スズメウリは壁掛けに。カレンダーと飾れば季節のお知らせにも。実ものの蔓を生かした壁掛けは器もいらず、壁に少しアクセントが欲しいときにも使えるしつらい。

※花材：スズメウリ

実ものの小さなアイデア

活け替えをしていたら、ぽろぽろと落ちてきたウメモドキの実を小さなグラスに。実もののおまけのお楽しみ。少しでも長く楽しみたい思いからの小さな工夫です。

※花材：ウメモドキ／花器：脚付きグラス

ノバラの実の美しさを

ふだんのかごを器に見立てて

サンキライの実をあふれんばかりにかごへ。下駄箱の上に置き、ドライに仕立てる冬定番の玄関のしつらい。ふだんの散歩にも持ち歩くかごを使えば、カジュアルに。

※花材：サンキライ／花器：かご

真っ赤に色づいたノバラの実の美しさをぎゅっと集めて。市販のリース土台に、実を挿し込んだだけ。冬の間中、飾り、色褪せ、実がしわしわになったら春の訪れです。

※ 花材：ノバラ、サンキライのリース土台

干し花

晩秋を迎えるころになると、立ち枯れた草花の姿をよく見かけます。そこには、みずみずしかったころとはまた違った、だんだんと朽ちていく凜とした美しさが。「干し花」は、そんな草花の移り変わる様子を最後まで見届けたいという思いから始めました。

いまでは一年を通じて楽しんでいる「干し花」ですが、最初のころは、散り落ちたバラの花びらを、ざるに干し、サシェにする程度。ところが、持ち前の好奇心も手伝っていろいろな花で少しずつ試すように。「うまくできるかな?」と半信半疑だった春のチューリップやラナンキュラス、そして夏のダリアまでもが、ふわりと立体感を保ったまま、きれいな色とともに「干し花」になってくれました。

干し方はとても簡単。直射日光を避けて風通しのよい室内に干すだけ。束ねて吊るす、ひとつずつざるにのせる、リースに仕立ててそのままなど、干し方は花によってもさまざまです。でき上がった干し花は、ガラスの器に詰めて飾ったり、いろいろな種類の花や実を標本のようにトレイに並べたり。秋の初めに摘んだハハコグサは、リースの花材のひとつとしても活躍してくれます。干すことで花の時は止まり、長くその姿を残しておける干し花。生花とはまた違った美しさが、新たな花の魅力を教えてくれるのです。

毎年、秋には、抱えきれないほどのハハコグサを摘んで持ち帰り、干します。そして冬の間にリースに仕立てています。摘む楽しみから始まるのもうれしい作業。壁一面に吊るして干す様子は、ずっと眺めていたくなる景色なのです。

左／プリンターズトレイに干し花をいろいろとディスプレイ。この中だけでも15種類の草花が。
✳花材：上段左から、ラベンダー、ヤマボウシの実、クズ、コガネエノコログサ、イヌタデ、ウツギの実、ヒオウギの実、カワラハハコグサ。中段左から、ヤマアジサイ、ダリア、ヒヤシンス、チューリップ。下段左から、フランネルフラワー、チューリップ、ラナンキュラス、ヨウシュヤマゴボウ／花器：プリンターズトレイ

野で摘んだハハコグサは
摘んできたハハコグサは、ざるにおき、余分な下葉を落として束ねてから、風通しのいい場所を選んで逆さに吊るします。ドライになったらリースに仕立てます。
✳花材：カワラハハコグサ

どんな花でも干し花に

時を止めて閉じ込める

咲き終わりのころ、水を差すのをやめて置いておいたら、自然ときれいな干し花に。そのときの花のかわいさをぎゅっと閉じ込め、ずっと楽しめる。思わぬ発見でした。
＊花材：ラナンキュラス／花器：長峰菜穂子さんのオーバルプレート

繊細な草花はリースのまま

茎が細く、干すと折れやすい繊細な秋の草花は、生の状態で蔓の土台に挿し、リースに。そのまま飾りながら乾かします。日に日に変わりゆく様子を楽しめるのです。

＊花材：ピラミッドアジサイ、コガネエノコログサ、イヌタデ、ヨウシュヤマゴボウ、ヤブマメ、カシワバアジサイの葉、アカヅルのリース土台

大人っぽくシックな色合い

活けて楽しんだ色とりどりのダリアを最後まで見届けたくて。ざるにのせて約１週間。生花よりも、色濃く、大人っぽい色合いに。ふた付きの器に飾りながらストック。

＊花材：ダリア／花器：ふた付きのガラス容器

冬の葉っぱ

冬の景色を思うとき、だれもがさびしさや寒々しさを感じるかもしれません。しかし、その景色に、花が少なく、さびしさが漂っていたとしても、そこには冬ならではの草木の美しさもあるのです。

私のしつらいの基本は、外の景色を家の中に取り込むこと。花の少ない冬は、無理に花を探すのではなく、外を歩きながら目に留まった〝葉っぱ〟をそのまま活けるのです。

すっかり葉が落ちた落葉樹の足元に積み重なった落ち葉や朽ちた葉。存在感のある葉を一枚、古い瓶に挿すだけで、とても風情のあるしつらいになります。年中、葉を茂らせるヒイラギ、ツバキ、アオキ、それからヒノキなどの常緑樹の葉は、奥ゆかしい深緑色。立ち枯れた景色のなかでぴんと張り、つやを帯びているその冬の緑は、印象的に目に飛び込んできます。また、寒さにあたり、緑が赤く色づいたイワナンテンの葉は、赤い実ものとは違った、これもまた冬の赤。平皿に水を張り、印象的に目に留まる冬の色葉を立ち枯れたウツギの実や新芽のついたクロモジなどの枝と一緒にしつらえれば、「冬の景色」のでき上がりです。

植物には、花のときだけではなく、いつの季節にも、それぞれの見頃があるのだと感じます。ありのままの景色を探し出す過程から、しつらいは始まっているのです。

春から秋の間は落葉樹の葉の緑が映えて、常緑樹の深い緑は、あまり目立たずにいます。落葉樹の葉がすっかりと枝から落ちた冬こそ、主役となるのが常緑樹の緑だと思うのです。わが家の庭に咲く一輪のツバキは、緑の引き立て役です。

凛とした、冬の葉

常緑のグラデーション

花はなくとも、さまざまな形や色の葉を組み合わせることで、表情豊かに。ポイントは主役になる葉を入れること。ここでは斑入りのセイヨウイワナンテンがその役目。
※花材：セイヨウイワナンテン、コニファー ブルーアイス／花器：カフェオレボウル

右／寒さのなか、枝につく葉の凜とした姿に力強さを感じます。雑木林を思い、常緑の深緑の葉に朽ちた実や枝を重ねて。渋い冬の葉に添えたツバキの花が奥ゆかしい。
※花材：イワナンテン、ツバキ（ワビスケ）、ウツギ、クロモジ／花器：額賀章夫さんの片口皿

寒さで赤く染まった葉

冬に赤く色づくイチゴの葉。その姿がかわいくて、つい、しつらいに使いたくなるのです。小さな黄色のスイセンと、春の訪れを待ちます。仕上げは蔓で動きを出して。

※花材：イチゴの葉、スイセン、ハーデンベルギア／花器：ジャムの空き瓶

趣を増した「朽ち葉」を

オリーブ色の古い瓶に、時を経て趣を増したホオノキの葉を。20㎝もある大きなもの。葉と瓶の色みをそろえ、長さを同じくらいにするとバランスがとれ、かっこよく。

※花材：ホオノキの葉／花器：ガラス瓶

明るく迎える、愛きょう者

葉を広げて茎をぐーんと伸ばしたハボタンを玄関に。その愛きょうたっぷりの姿に、訪れる人も思わずにっこり。水につかっている茎と切り口がぬめりやすいので、こまめに切り戻すとよいですよ。
※花材：ハボタン／花器：ガラスの保存瓶

黄色から始まる

新しい年を迎えて間もなくすると、家の近所に植えられたロウバイが花を咲かせ、清々しい香りとともに春の訪れを教えてくれます。まだまだ風は冷たくて、犬の散歩に出かけても、そそくさと引き返してしまうというのに、足元を見れば、フクジュソウやナノハナ、セイヨウアブラナ、顔を上げれば、枝に咲くミモザやサンシュユ、それにマンサク……。いつの間にか、次々と咲きだしていた早春の花たち、そのどれもが皆、黄色！

春の始まりのころの光は、どこか霞がかかったような、でも、清らかな透明感もある柔らかさがあります。その光に照らされた黄色は、とても映え、見ているだけで元気をもらえます。そう思うと、季節を告げるのは花だけでなく、光からも感じるものなのだと改めて気づかされます。

毎年、最初にしつらえるのは、那須から届くフクジュソウとフキノトウ。おちょこの縁に花首をのせると、土の中から顔をのぞかせているよう。枝に咲くマンサクの花は、お互いの色を引き立て合う紫のヒヤシンスと一緒に。近くの河原で摘んだセイヨウアブラナは、さりげなく洗面所の棚に。あちらこちらにぽつぽつと生まれた黄色を拾い集めれば、いつもの場所に穏やかな春の光が降り注ぎます。そう、春の始まりの合図は、〝黄色から〟。

春を告げる花というと、真っ先に思い浮かぶのが、フクジュソウの花。旧暦のお正月ごろに小さな花を地面からのぞかせます。咲きだす時季から、春一番、新年を祝う花として、この名が。花は陽に当たると開き、陽が陰ると閉じます。

小さな春の笑顔を

右／春を一番に告げるフクジュソウとフキノトウを。凍てつく地面から顔をのぞかせている姿を思い、おちょこに活けました。まるで、小さな春の笑顔を見ているよう。
✳花材：フクジュソウ、フキノトウ／花器：おちょこ

お互いを引き立て合う色を

マンサクの枝に咲く淡い黄色の花をアンティークのカフェオレボウルに。反対色である紫のヒヤシンスを添えると、お互いの色が引き立ちます。全体の余白もポイント。
✳花材：マンサク、ヒヤシンス／花器：カフェオレボウル

手を施した器に、ひと枝の春

「春黄金花」とも呼ばれるサンシュユをひと枝、自分で金継ぎを施した器に。枝は、くの字になるよう剪定すると、動きを出せます。横に添えた豆皿は韓国の作家もの。

※花材：サンシュユ／花器：伊藤 環さんのそばちょこ

小さなスペースにも

セイヨウアブラナは、洗面所の鏡の棚に飾りました。殺風景になりがちな場所も一輪の花で、清々しく。こうして小さなスペースを見つけては春の喜びを感じています。

※花材：セイヨウアブラナ／花器：薬瓶

春を知らせる使者

風が少し暖かくなったのを感じると、街のそこここで黄色の花を咲かせるミモザ。咲き始めのころのように花は控えめに。かわいい葉を多めに使ってリースをつくり、晴れやかな季節の始まりを楽しみます。
＊花材：ミモザ、アカヅルのリース土台

めぐる季節

季節はまたひとめぐり。黄色の花たちが咲きはじめます。
お正月も過ぎ、新しい年に慣れてきたころ
フキノトウやナノハナ、ミモザなどの黄色の花たちが
新しい命の始まりを教えてくれます。
また一年、めぐる季節の始まりを迎えたのです。
春から梅雨、夏から秋、そして冬へと。
この季節の流れのなかで
身近な草花の景色を日々、感じ取り、
その景色をそのままに、部屋の中に取り入れることで
草花は私たちの暮らしに寄り添い、語りかけてくれています。
だからこそ、花を落とした枝にも、虫食いの葉っぱにも、
素朴でたおやかな美しさを
感ぜずにはいられないのかもしれません。
季節のめぐりに、私は尊さと感謝の気持ちを覚えます。

column 5

花と暮らしの根っこは一緒

名前のない花はひとつもありません。

雑草と思って気に留めていなかった草花にも名前があり、ひとたび〝だれ〟だかがわかると、みるみるうちに距離が縮まり、仲良しになれる。見過ごしていた道端の小さな花にも、しっかり目が行くようになります。人とのつきあいだって、まずは自己紹介から始まるのと同じように、名前を知ることが最初の一歩。

どこで生まれたのか、どんな環境で育ったのか、どんな性格なのか。すべてのものには「背景」があって、それを知ることで、花とのかかわりや暮らしが豊かになってきます。ものごとの〝根っこ〟は外からは一見、見えないけれど、掘り起こしてみると、世界が広がり、視点が変わり、新しいヒントが生まれてきます。

花と深く向き合っていくことで、降り注いでくるたくさんの〝気づき〟。土づくりをきちんとすれば、肥料が少なくても、たいていは丈夫な根が張るし、元気に育つもの。このことを実感してからは、私自身、食事や睡眠などを、もっと大切にしなきゃ、と思うようになりました。

暮らしを通して花に、花を通して暮らしに磨きをかけていきたい。毎日、家族と食事をするように、静かな眠りにつくように、花は暮らしに当たり前にあるもの。そして、工夫をすること、楽しむこと、まだ見ぬ世界への好奇心を失わないこと。毎日を彩り豊かに過ごす気持ちの〝根っこ〟が、知らず知らずのうちに育まれていくのです。

ありのままの姿を

花は自然のなかで咲いている姿が一番、美しい。ありのままの様子を思い浮かべながら、花と向き合うと、活け方が変わってきます。小道の片隅で咲く草花、街路樹など、日々の暮らしに草花は身近にあるもの。その花の茎は空に長く伸びてる？葉は横に広がってる？しばし足を止めて観察してみると、思いがけない発見に出合えます。

花の名前を知る

「この花、何だろう？」と思ったときに、ポケット図鑑で調べるのが習慣になっています。必ず見るのが原産国。乾燥した地域、暑い国など、生まれた場所の気候に合った育て方をするときれいに咲いてくれます。また、ハーブひとつとっても、タイムやミント、セージなど種類がたくさんあることを知ると、植物の世界がより広がっていきます。

自然のサイクルに合わせる

「水やりは朝のうちに」というけれど、その理由は「植物は朝10時までの間に光合成のピークを迎える」から。健やかな生長に欠かせない光合成は、光、空気中の二酸化炭素、水がそろうことで行われます。そんな植物の仕組みを知ると、なんとなくやっていた水やりも「花を元気にするため」と思えるように。早起きの習慣が自然と生まれます。

古いものの背景を知る

時間ができるとふらりと骨董市に出かけることがあります。古いものが好きということもあるけれど、一番の楽しみは市の方とのおしゃべり。その器がいつ、どこで、どんなふうに使われてきたのかを知ると、活けるとき想像力が膨らみます。そしていつか私の器も「昔は花器として使われていたんだよ」と、語り継がれていくことを期待して。

つくり手の思いを聞く

「吹いた息がそのまま形になる」。それはガラス作家・庄子早苗さんの言葉。早苗さんの工房を訪ね、つくる思いを聞くことで、器に合った花をイメージしやすくなり、大切に使う気持ちが深まります。「花の会」でも、器のストーリーを話してから活けてもらうと、ものの見え方が変わり、花と器がひとつの形としてなじんでいくから不思議。

しつらいカレンダー

節句や季節の行事のしつらい。
どれも、その季節の草花が取り入れられています。
昔からの風習といっても、いまの暮らしにもなじむように。
子どものころから自然と身についているこれらの習慣。
暮らしのなかに、季節を取り入れる身近な楽しみとして、
これからも大切にしていきたいと思うのです。

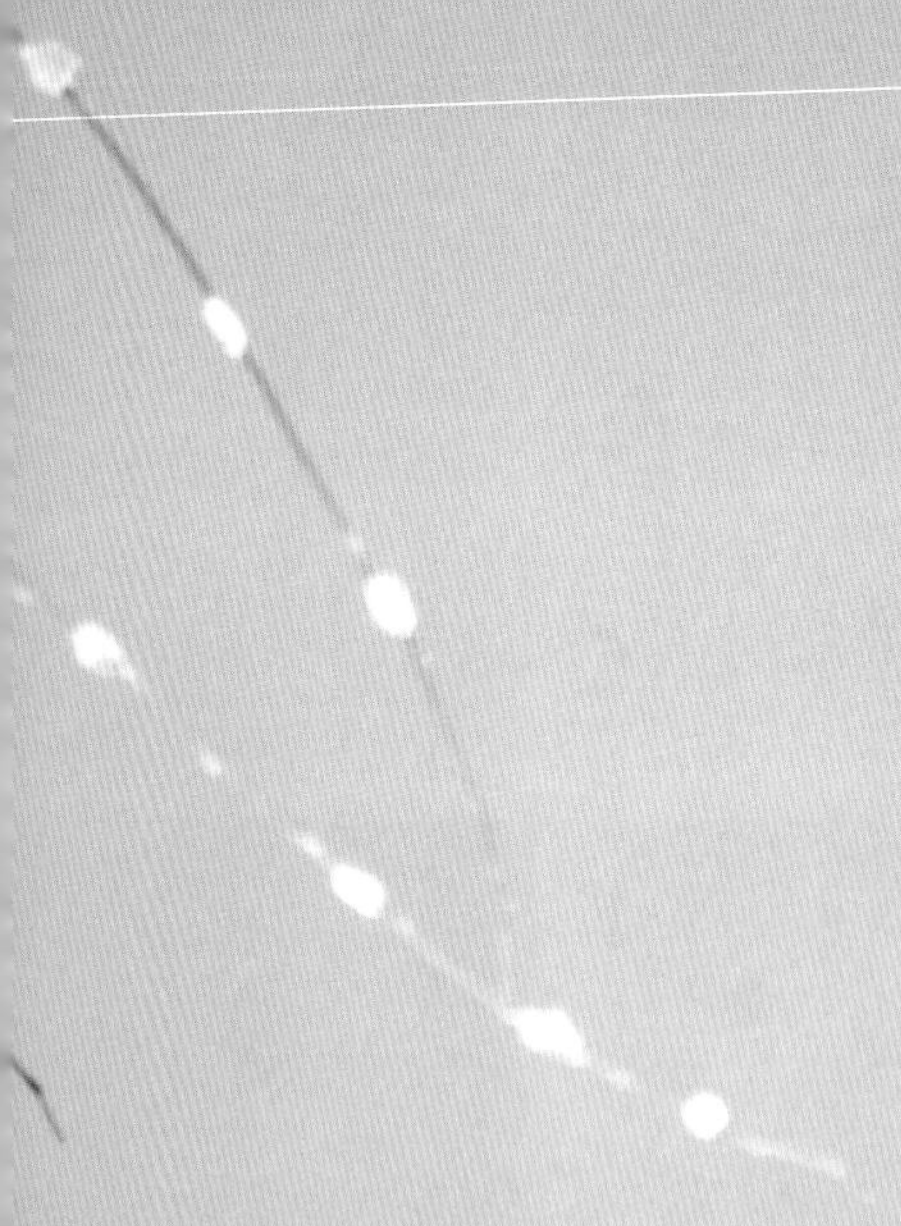

毎年、「餅花」は花教室のみんなと手づくり。シダレヤナギに紅白のお餅を付けていきます。部屋の雰囲気に合わせ、紅のお餅は、やさしいピンク色に。枝先には幸運を呼ぶフクロウのぽち袋を。
※材料：シダレヤナギ、紅白のお餅

お正月 1/1

新しい年を迎え、その年の豊穣を司る「歳神様」をお迎えする行事。前年を無事に過ごせたことに感謝し、また新しい一年、家族のみんなが元気に暮らせるように、手づくりのしめ縄飾りや赤い実のしつらえでお迎えします。わが家のインテリアになじむよう全体にさりげなく、和の趣を添えています。

しめ縄は、クリスマスのあとから28日までに飾るのが一般的です。市販のしめ縄に取り付けるのは、縁起もののマツ、昆布、田作り（煮干し）、紙垂。そこにナンテンの赤い実をアクセントにプラスしました。地方によってさまざまですが、しめ縄やお正月飾りは小正月までには、はずすようにします。
＊材料：しめ縄、ナンテン、マツ、昆布、田作り、紙垂

上／窓辺に縁起ものを並べるだけで、それらしく見えます。左からナンテンの実、豆皿にマツの葉とぽち袋、紅白の丸が描かれた箱、水引、そしてユズ。
＊花材：ナンテン、マツ、ユズ／花器：安田奈緒子さんの豆皿（左）、長峰菜穂子さんの豆皿（右）
下右／弁柄色の小鉢を花器に見立てて。花留めに剣山を使い、背の高いオクラレルカとツバキを一輪、立花にして、玄関に飾りました。
＊花材：オクラレルカ、ツバキ／花器：小鉢
下左／「難を転じて福となす」という意味を持つナンテンの実をたっぷりと活け、ぽち袋を添えます。白い器が、鮮やかな赤い色を引き立ててくれます。
＊花材：ナンテン／花器：横山拓也さんの浅鉢

節分

2/3頃

立春の前日に、邪気を祓い、福を招くための行事である節分。恒例の豆まきや、炒った豆を年の数より1つ多く食べることが、本当に楽しみでした。しつらいでは、ヒイラギの葉とナンキンハゼの白い実を使ったリースをつくったり、お膳に、お多福のお面と一緒に盛った豆を飾ったりしています。

上／節分といえば豆まき。ナンキンハゼの実を豆に見立ててつくった、名づけて「まめまめリース」を飾ります。魔よけの意を持つヒイラギの葉と一緒に。
＊花材：ヒイラギ、ナンキンハゼ、アカヅルのリース土台／花器：目かご
下／陽射しも和らいできた窓辺。小ぶりな漆膳に豆と庭のツバキのつぼみを添えました。お多福のお面も一緒に。邪気を祓い、福が多いことを願います。
＊花材：ツバキ／花器：漆の膳

桃の節句

3/3

女の子の健康と厄よけを願う、「ひな祭り」。子どものころから、ひな人形に白酒と慣れ親しんできた行事。ひな飾りには、黄色の実をつける橘とピンクのサクラの花を飾ることから、私は手に入れやすいキンカンとモモの枝をトレイにのせて。大人になっても桃の節句はかわいく楽しみたいものです。

上／柑橘のなかでも小ぶりなキンカンを橘の代わりに。モモの花は、小さくガラスに活けました。同じ季節に咲く、紅色のツバキが描かれた袋を添えて。
＊花材：モモ、キンカン／花器：沖澤康平さんのカップ、木のトレイ

下／ナノハナと一緒にしつらえたのはサクラ。旧暦でお祝いされていたころは満開だったことでしょう。サクラは、ひと足、早く咲く〝ケイオウザクラ〟。
＊花材：ナノハナ、サクラ／花器：伊藤千穂さんの花器

端午の節句

5/5

端午の節句は菖蒲の節句ともいわれ、薬草であるショウブを入れた湯に入り、心身の健やかさを願ったことにその起源があるそう。すっと背を伸ばすその姿に清々しさや「成長」を感じさせるハナショウブは、立ち姿をそのままに活けました。男の子の節句らしく、和紙で折ったかぶとなどを添えて。

ショウブは、葉から出る強い香りから、邪気を祓《はら》うと信じられていたそう。剣山を使って、凜とした和の趣を。
※花材：ショウブ／花器：石川若彦さんの鉢

七夕

7/7

梅雨の終わり、夏の始まり。そんな季節の狭間にある七夕は、涼やかなしつらいに。紙のレースのモチーフはオーナメントに見立てて。願いを込める短冊は韓国の手漉きの韓紙。糸を通し、酒瓶に活けたササの葉に飾ります。レースのすき間からのぞく緑も、七夕の風情を増幅してくれるよう。

涼やかさを演出したくて、白とグリーンの色使いのしつらいに。紙のレースモチーフは、森田千晶さんのもの。
※花材：ササ／花器：酒瓶

中秋の名月

9/20頃

秋の夕空。澄んだ空気のなかで眺めるまんまるの月。秋のまんなかの日である旧暦の8月15日にその年の収穫物と一緒にお供えするススキは、魔よけの意味があるそう。きれいな月明かりのなか、ススキをはじめとする野原の草花が夜風に吹かれる姿を思い、ワレモコウなども一緒にしつらえます。

ススキをはじめとする秋の草花は、かごを使ったしつらいがよく似合います。
✻花材：ススキ、ワレモコウ、ムラサキエノコログサ、カゼクサ／花器：かご

事始め（事納め）

12/8

諸説ありますが、一年の感謝を込めて道具を片づけ、正月準備を始める日として知られています。同時に邪気祓いの日でもあるそう。たくさん「目」のついた目かごを軒先に吊るし、邪気が入るのを見張って防ぐという風習。それに倣《なら》い、私はそのかご使いを取り入れ、赤い実を玄関にしつらえます。

ウメモドキの赤い実のほかにも、サンキライやバラの実、またはヒメリンゴをこんもりと飾ってもかわいいです。
✻花材：ウメモドキ／花器：目かご

冬至

12/22頃

一年で一番、夜の長い冬至には、かぼちゃと小豆、そしてゆず湯。それに加え、楽しみたいのが七運。運をつけるため、名前に「ん」がふたつつく食べ物を7つ食べるというもの。その習慣を、いまの暮らしになじむよう私なりにアレンジ。「ん」のつく7つの草花を飾ることも私の習慣になりました。

「七運」にかけ、「ん」がつく7つの草花を標本のようにキャンバスに貼った〝七運飾り〟。名前もスタンプして。

＊花材：ナンテン、センニチコウ、フランネルフラワー、サンキライ、ナンキンハゼ、ラベンダー、ドングリ

クリスマス

12/25

リースもツリーもクリスマスの大定番。だからこそ、私らしさがポイントに。リースならカフェオレボウルに花留めのワイヤーをセットしフレッシュな花や実ものを挿し込んで。アカヅルを立てた赤い実のツリーは大人のシックなクリスマスを演出。そしてどちらにもキャンドルの灯を忘れずに。

上／カフェオレボウルの中心にグラスキャンドルを入れ、花は器の縁に沿って同じ方向に一周、挿すだけ。キャンドルがボリュームを増してくれます。
＊花材：ユーカリ、クリスマスローズ、スカビオサ、バーゼリア、ビバーナム ティナス／花器：カフェオレボウル
下／表情豊かな束ねた蔓をツリーに見立てて大人っぽく。赤い実を植え込み、その土に蔓を挿すだけのシンプルさ。
＊花材：チェッカーベリー、アカヅル／花器：鉄器

しつらいは
いつもの場所で

この本でご紹介している
しつらいの場所は
café イカニカと自宅が中心。
空間に合った飾り方を心がけて
暮らしに花を溶け込ませています。

café　イカニカ

【間取り図】

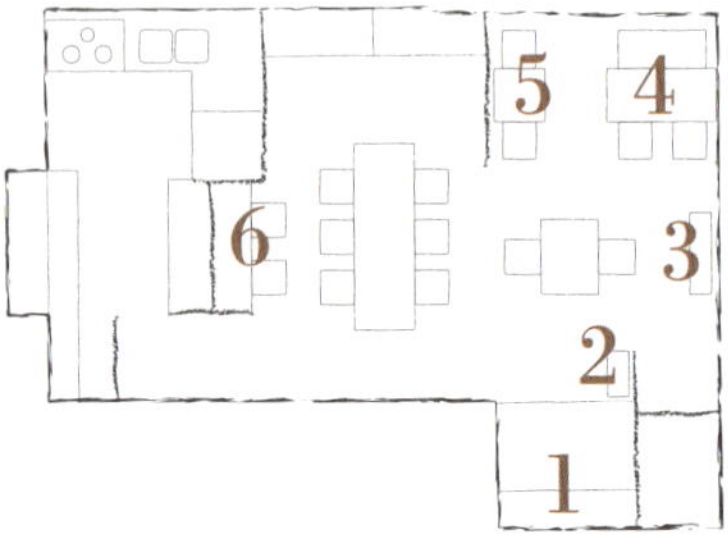

2009年に東京・自由が丘にオープン。築40年の平屋を改装したこのカフェでは、「花の会」も行い〝人が集う場所〟になっている

1

玄関は、第一印象が大切。棚の上には花と一緒に雑貨を並べ、たたきには大ぶりな器を置いて枝ものなどを

2

スリッパが入った下駄箱は皆さんが必ず通る場所。棚の上には季節の花を置いてお迎え、お見送りをする

3

庭に面した窓辺にはベンチを置いて。窓を通して、外の景色と室内がつながるようなしつらいを心がけている

4

客席には香りの気にならない草花を選んで。横が大家さん宅なので目隠しにカーテンを付け、居心地よく

5

壁付けの2人席は丈の高い花を1本活けるのが好き。壁に近づけて置けばじゃまにならず、安定感もある

6

厨房に面したカウンター席。カウンターの上に花をしつらえて、客席と厨房の仕切りをさりげなくつくる

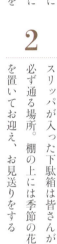

私の家

【間取り図】

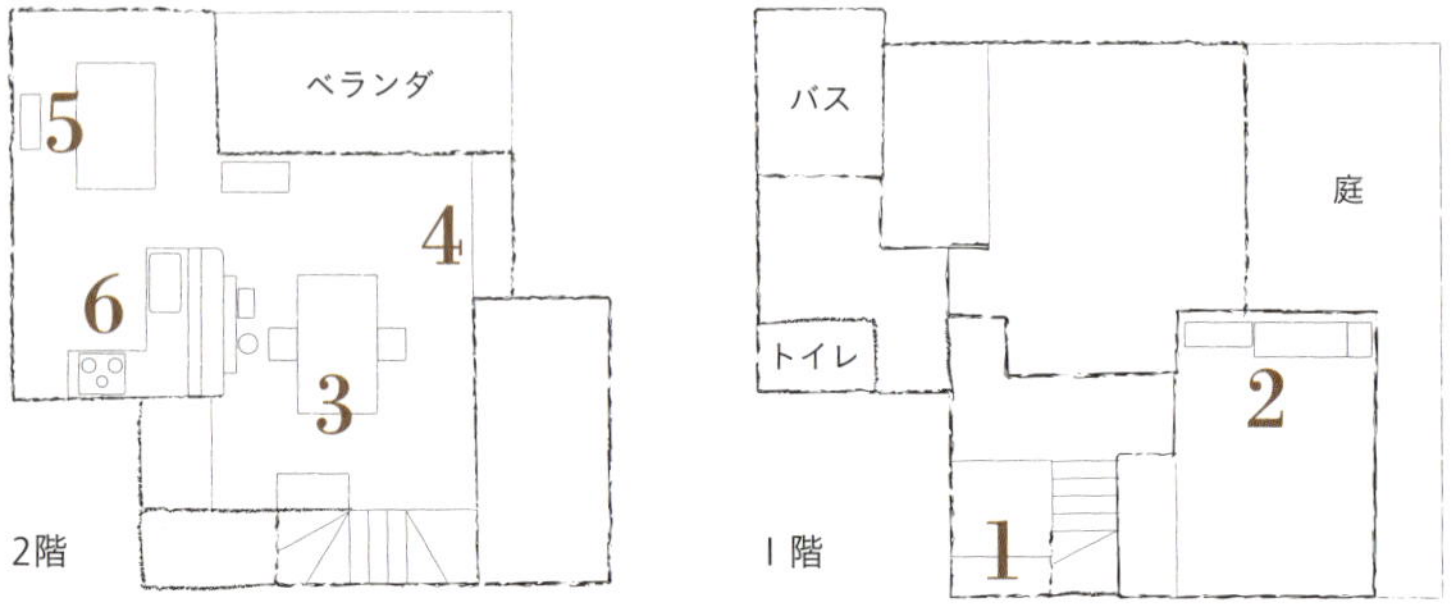

窓の多いリビング。花は自然光で見るのが一番きれい。ベランダにつながる窓の横。そこにある収納棚の上は、飾るのにぴったりの場

1

下駄箱にしている古いロッカーの上も私にとってはしつらいの場所。雑貨と一緒にリースやドライのものを

2

1階の和室が私のアトリエ。雑多になりやすいので、〝ついでの花掃除〟を意識し、窓辺に花を飾る

3

ダイニングテーブルは気分に合わせて置き場を変えている。一番、長くいる場所だから、いつも花と一緒に

4

しつらえることが一番、多い南向きの窓辺。窓外には生長したジューンベリーが見え、活けた花と重なって。

5

無機質になりがちな台所の食器棚に、一輪でも花を添えるだけで、みずみずしい空気に包まれる

6

料理で残ったローズマリーやミントなどをコップに入れて、キッチンの小窓に。さわやかなしつらいになる

ありのままの姿を訪ねて

季節によって表情を変えていく、
ありのままの自然の力強さ、清らかさ、美しさ。
草花の息吹をこの目で、肌で、香りで感じることが
「花をしつらえること」の原点。
すぐ近くの、あるいは郊外の自然のなかに
心の休息と栄養をもらいに出かけます。

「箱根湿生花園」にある仙石原湿原の植物群落を維持するために設けられた「植生復元区」を散策。訪れた晩夏には、チダケサシの花が咲き誇っていました。

箱根湿生花園

ここは夏に訪れる場所。標高、約700mの神奈川県箱根・仙石原にあり、水辺が多いからか、真夏でもさわやかな風が肌をなでます。箱根湿生花園は湿原、川や湖沼などの水湿地に生育している植物を中心とした植物園。日本各地に点在している高山植物、珍しい外国の山草などを含め、およそ1700種類を楽しむことができます。

何よりも、自然に近いかたちで草花の姿を見られるのが、湿生花園を好きな理由。今回、私が訪ねた晩夏には、キキョウやオミナエシといった秋の七草をはじめ、ワレモコウやヒヨドリバナなど草丈のある花が風に揺れ、見頃を迎えていました。

右／花と葉の形から植物図鑑で何の花かを調べていく。これはユウガギク。左／背丈のある草の下に隠れている植物もじっくりと観察

右上から時計まわりに、花びらをそらせて咲くコオニユリ、しつらいのヒントになる組み合わせのヤマユリとノコンギク、秋を感じるワレモコウ、鮮やかな色合いが上品なハス、緑のなかにひょっこり顔を出したコウホネ、華奢な茎が風にそよそよと揺れるキキョウ

植物が間近で見られるよう、ウッドボードの道が湿原を通り抜けている。ミソハギの小さな花が満開に

右／眺めるだけで涼しくなる湿原の風景。左／見ごたえある大きなハスも間近で見られる

神奈川県足柄下郡箱根町仙石原817番地
問0460-84-7293　開9～17時
休3／20～11／30は開園期間中無休、12／1～3／19は冬期休園
http://hakonekanko.com/

佐倉草ぶえの丘バラ園

いまも心にきざまれている、英国で見たイングリッシュガーデンのあでやかな光景。その庭を思い出させてくれる、千葉県にある佐倉草ぶえの丘バラ園です。およそ1万㎡の敷地に1050種2500株が植えられています。バラ好きな私としては、オールドローズをはじめとする原種のバラをたくさん見られるのがうれしい。園内は「世界の原種」「シングルローズコーナー」「ホワイト&ピンクコーナー」など、品種や色といったテーマごとに楽しめ、バラの奥深い世界を知ることができます。バラだけでなく、ほかの草花と組み合わせた植え方が自然で、美しさが心に染みわたっていきます。

右上から時計まわりに、花弁の中心の緑が愛らしいマダム・アルディ、一年中、楽しめるスヴニール・ドゥ・ラ・マルメゾン、苔で覆われたようなシャポー・ドゥ・ナポレオン、淡いベージュピンクのコウフンレン、お茶でおなじみのローズヒップ、衣を重ねるように咲く「羽衣」

日本に自生するバラの原種。上右／地を這うように長く枝を伸ばし、広がるテリハノイバラ。上左／砂浜海岸に咲く紅紫色の花が鮮やかなハマナス。下／日本各地の野山で見られるノイバラ

右／一年草や球根植物も一緒に植えられ、まさしくイングリッシュガーデンのよう。左／華やかな香りも大事な個性

千葉県佐倉市飯野820
問043-486-9356
開9～17時（入園は～16時）
休年末年始、11／1～3／19の月曜（祝日の場合はその翌日）。臨時休業あり
https://kusabueroses.jp/

代々木公園

東京・原宿駅からすぐなので、空き時間にふらりと立ち寄ります。約54万㎡という広大な敷地を持つこの森林公園は、木々や草花で満ちあふれています。思わず芝生で寝ころびたくなる中央広場は都会と思えないほど空が広く、イチョウ並木やバラコーナーなどを見て、ただ歩くだけでも癒やされます。素の自分に戻れる場所です。

黄金の絨毯を敷いたような晩秋のイチョウ並木。落ち葉の上を歩いたときの音も心地よい

東京都渋谷区代々木神園町2-1
問03-3469-6081
（代々木公園サービスセンター）

多摩川台公園

以前、東京・多摩川駅近くに住んでいたこともあって、なじみ深い公園です。6月になると7種類3000株のアジサイが咲き誇ることで有名。満開の時期は、入り口階段の両脇から美しい姿で迎えてくれます。曇天にパープル、ブルー、白などの花びらの色が映えるさまは、本当にきれい。淡い色合いになる咲き終わりもおすすめです。

セイヨウアジサイの原種は、日本原産。花咲く6月は、梅雨がある国に生まれたことを、うれしく思う

東京都大田区田園調布1－63－1
問03-3726-4300
（大田区調布地域庁舎内・調布まちなみ維持課）

佐久間ダム公園

花が少なくなる冬の時季におすすめしたいのがここ。佐久間ダム公園がある千葉県鋸南町は、花の数の多さからスイセンの日本三大群生地として知られています。12月中旬～1月下旬ごろ、ニホンスイセンが満開を迎え、寒空のもと凛と咲く姿が清々しい。花の近くを歩くと、しっかりと花の甘い香りがして生命力の強さを感じます。

白い小花が群生している様子はとても清らか。期間中は地元のお店で花を販売しているので、お土産に

千葉県安房郡鋸南町大崩39
問0470-55-1560
（鋸南町地域振興課まちづくり推進室）
http://www.okuzure.com/

多摩川河川敷

café イカニカの近くにある多摩川河川敷は、満開のサクラを見に行ったり、足元に芽吹いた草花を摘みに行ったりと、自然をとても身近に感じられる場所です。通りから土手に入り、季節の草花を楽しみながら川辺まで。わずかな距離でも、花々の色、生い茂る緑の様子、水面の景色など、さまざまな風景を楽しむことができます。

芽吹きはじめた木々の枝先を見上げながら川沿いの道を散策。穏やかな川の流れにも和みます

花と仲良くつきあうために

道具と基本

花を長く、美しく保つことができる
少しのコツとひと手間をお伝えします。
癒やしを与えてくれる草花に、
感謝の気持ちを込めて、ていねいに。

大切にしている道具たち

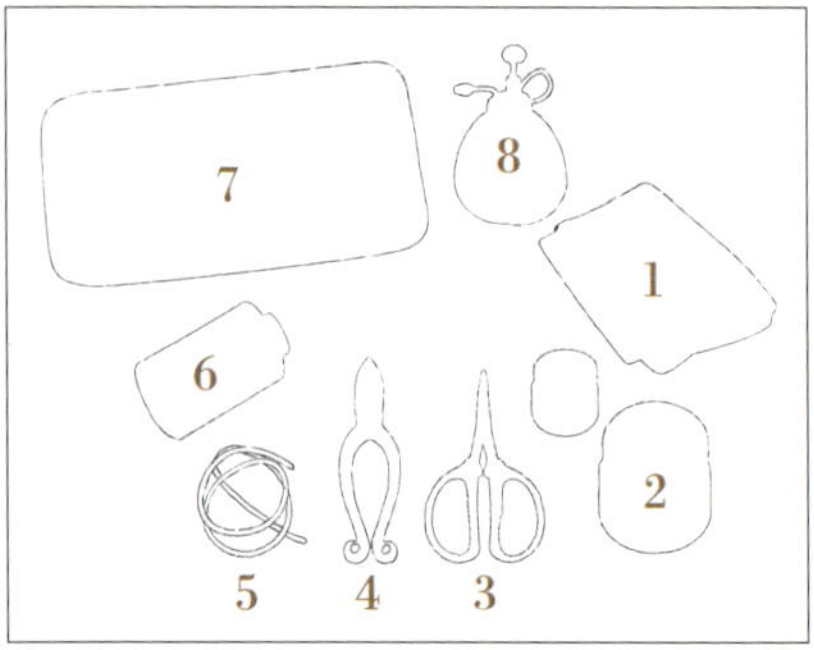

1／ふきん
2／おとしの瓶
3／クラフトばさみ
4／花ばさみ
5／花留め用ワイヤー
6／ひも
7／ざる
8／霧吹き

花と仲良くなるためには道具も大切。たとえば、専用でないはさみで茎を切ると、断面がつぶれ、吸水しにくくなり、すぐに元気がなくなります。きちんとした道具を使うことは、花を長く楽しむための心づかいです。

干し花のつくり方

花の美しい姿を最後まで見届けたい、と始めた「干し花」。つくり方は簡単。直射日光を避け、風通しのいい室内に干しておくだけ。茎をひもで束ねて逆さに吊るしたり、花をざるにのせて部屋に置いたり。ポイントは茎と茎、花と花の間に風の通り道をつくること。束ねて吊るすときは下葉の処理をして、ざるにのせるときは花弁が開いたもののほうが、きれいにでき上がります。

おとしの使い方

水が張れない紙箱や木箱、ざるやかごなどでも、〝おとし〟を使えば花器になります。おとしはジャムの空き瓶やコップなど、外から見えないサイズのものであれば何でも大丈夫。

花留め用ワイヤーの使い方

口が広くてすべりやすいボウルや鉢などには、らせん状に曲げたワイヤーを花留めにして入れると活けやすくなります。ワイヤーは盆栽用のもので、ホームセンターなどで手に入ります。

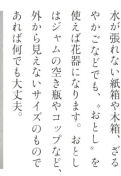

ひと手間の基本が大事

帰ってからのひと手間

霧吹き

花屋さんから持ち帰った直後、活ける前と後、水揚げや湯揚げで新聞紙を巻く前は、霧吹きで保湿を。その際、花の顔側でなく葉の裏に吹きかけて。

水切り

口の広めの容器に水を張り、茎を入れ、水底で足先を斜めに切ります。そのまま30分ほど水につけ、休ませて。活ける前にも行うひと手間です。

湯揚げ

花が弱ってしまったら湯揚げを。茎の足先を出して新聞紙で包み、熱湯に足元1㎝を約20秒。そのあと水を張った別の容器に2時間以上つけます。

焼き揚げ

バラやアジサイなどの茎が固い花は、湯揚げより焼き揚げが効果的。茎の足先をガスコンロの火で炭化するまで焼いたあと、すぐに水につけます。

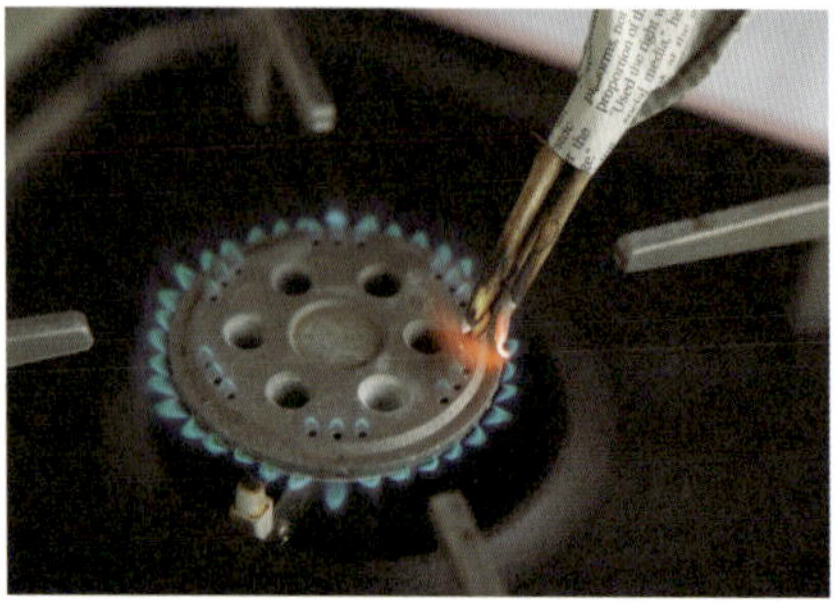

活ける前のひと手間

下葉の処理

水につかりそうな葉は、前もって取り除いておきましょう。葉が付いたままだと、水中にバクテリアが発生しやすくなり茎が腐ってしまう原因にも。

切り口は斜めに

茎を切るときは必ず斜めに。断面積が広くなることで、水を多く吸い上げることができます。切り方ひとつで、みずみずしさが格段に変わります。

枝ものは皮を削る

枝の足先を斜めに切ったあと、足元から3～4㎝まで皮を削ります。さらに一文字か十文字に切り込みを入れると、吸水面が広くなって花が元気に。

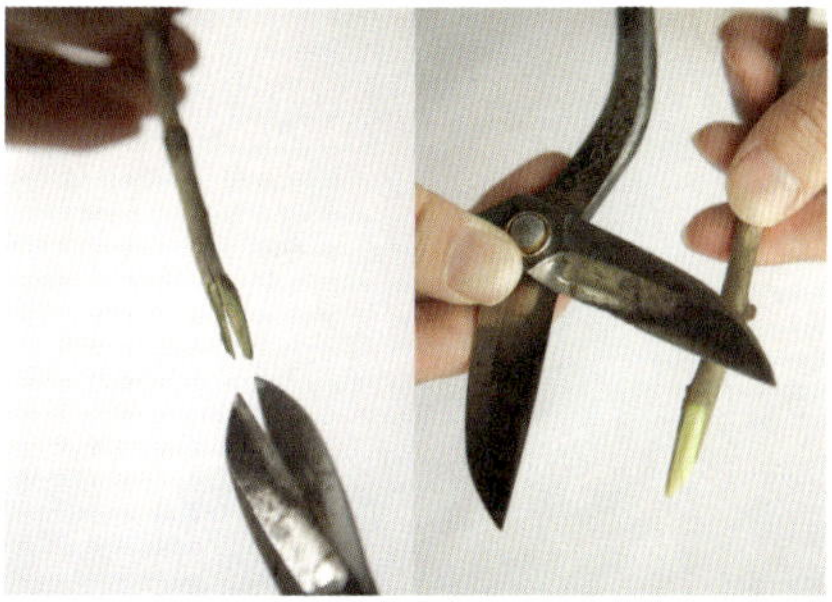

器をきれいに

草花の大切な〝居場所〟である器は、活ける前にきれいに洗い、水気をふき取り清潔にしましょう。器の汚れは、水のにごりの原因になります。

花材名索引（五十音順）

ふっと手にした草花の名前から、しつらいの掲載ページがわかります。

平井かずみ（ひらい・かずみ）

フラワースタイリスト。「ikanika」主宰。インテリアショップ勤務を経て、挿花家・谷国子氏に師事。〝しつらえる〟という感覚を大切に、暮らしのなかに季節の草花を取り入れる「日常花」を提案。東京・自由が丘「café イカニカ」を拠点に、花の会やリース教室を全国各地で開催。雑誌や広告、イベントでのスタイリングや、ラジオやテレビなど多方面で幅広く活躍中。著書に『フラワースタイリングブック』（河出書房新社）などがある。

http://www.ikanika.com/

文・スタイリング／平井かずみ

撮影／矢郷　桃
〈本文〉
アートディレクション／山口信博（山口デザイン事務所）
デザイン／宮巻　麗
〈表紙・カバー〉
アートディレクション・デザイン／宮巻　麗
編集協力／梅崎なつこ
イラスト／佐々木真由美
校正／堀江圭子
編集／田村久美

花のしつらい、暮らしの景色

発行日　２０１９年12月15日　初版第1刷発行

著者　平井かずみ
発行者　久保田榮一
発行所　株式会社扶桑社
〒１０５-８０７０　東京都港区芝浦１-１-１
浜松町ビルディング
☎０３-６３６８-８８０８（編集）
☎０３-６３６８-８８９１（郵便室）
www.fusosha.co.jp

印刷・製本　図書印刷株式会社

ISBN 978-4-594-08374-8

本書は、『天然生活』２００８年２月号↓２００９年２月号、２０１１年３月号、２０１１年６月号↓２０１３年３月号に掲載した記事を加筆・修正し、新たなページを加え、再構成したものです。

本書は２０１３年３月に地球丸より刊行されたものを復刊したものです。
本書に記載されているデータは２０１９年11月27日現在のものです。